Comunicación y desarrollo: pasos hacia la coherencia

colección «Tiempos»

Raquel Martínez-Gómez
Mario Lubetkin
(coordinadores)

Comunicación y desarrollo:
pasos hacia la coherencia

COMUNICACIÓN SOCIAL
ediciones y publicaciones

SEVILLA • ZAMORA
2010

1ª edición: Manganeses de la Lampreana (Zamora), 2010.

Diseño y producción gráfica: Pepa Peláez, Editora.

De esta edición:
Comunicación Social Ediciones y Publicaciones, sello propiedad de:
© *by* Pedro J. Crespo, Editor y Editorial Comunicación Social S.C. (2010)

Contacto:
c/ Escuelas 16. 49130 Manganeses de la Lampreana, Zamora (España).
Tlf & Fax: 980 588 175

Correo electrónico: info@comunicacionsocial.es
Sitio Web: http://www.comunicacionsocial.es

ISBN (versión impresa): 978-84-92860-29-6
ISBN (versión e-book): 978-84-92860-30-2

Depósito Legal: S. 377-2010
Impreso en España. *Printed in Spain*

Índice

Prólogo

Federico Mayor Zarragoza[1]

Hablar de comunicación y desarrollo hoy, y hablar además de pasos hacia la coherencia, es extraordinariamente importante, porque las oportunidades pasan y es inútil después intentar correr para alcanzarlas. Estamos en un momento de gran consternación, de inmensa perplejidad ciudadana. Hace ya muchos años que estamos pidiendo cambios que pongan a cada ser humano en una situación de igualdad de condiciones; que la igualdad en dignidad, que es el gran fruto conceptual de la segunda gran guerra del siglo pasado, pueda ser el eje alrededor del cual giren las políticas, alrededor del cual giren las propuestas. Porque cada vida humana es única e irrepetible, capaz de crear. Y esta creación requiere tensión humana. Esta tensión humana, igual que sucede con un *tsunami* o con un acontecimiento que nos motiva, nos da fuerza para intervenir, nos dice que no podemos permanecer sentados, que no podemos permanecer callados, que estas situaciones pasan. Y entonces, la inmensa inercia de lo banal, la inmensa inercia de lo de todos los días, de aquellos que pretenden que sigamos siendo obedientes, que sigamos distraídos, va ganando espacio. En este momento hay motivos para la protesta y para la propuesta.

De la tensión humana habló *Ilya Prigogine*, premio Nobel de Química. Decía que cerca del equilibrio no hay nada, hay calma;

[1] Los coordinadores del libro han confeccionado este texto a partir de la transcripción de la ponencia de inauguración de Federico Mayor Zaragoza en el Encuentro de la UIMP sobre Comunicación y desarrollo, celebrado en julio de 2009.

y aplicando su teoría a la sociedad decía que se necesita tensión. Porque igual que el agua para ser agua potable tiene que correr, que saltar, que manifestarse, nosotros no podemos estar en calma. No necesitamos charcas, sino manantiales fecundos. La adversidad aguza la imaginación y Einstein dijo que en momentos de crisis —como en los que hoy estamos— sólo la imaginación es más importante que el conocimiento.

Tenemos que ser conscientes de lo importante que es el momento actual. También lo era el año 2000, pero en estos años han pasado muchas cosas, aunque los grandes desafíos son los mismos. Ahora tenemos motivos adicionales para esta tensión humana porque, por ejemplo, nos decían que no había dinero para luchar contra el hambre y cada día mueren por esta causa, en el desamparo y en el olvido, más de sesenta mil personas, el mismo número de personas que cabría en un campo de futbol. Y más de la mitad son niños. Como no lo vemos, no lo sentimos, pero si fuéramos concientes de esta tremenda realidad, tendríamos que reaccionar y no dejarnos convencer de que «no hay dinero». Uno de los Objetivos del Milenio que se fijó en el año 2000 era que para el año 2015 se reduciría a la mitad el número de personas que pasaban hambre. Y me pareció tan cínico, me pareció tan fuera de escala y de moral que en aquel momento, como Director General de la UNESCO, dije que no suscribiría nunca un acuerdo de estas características. No hay dinero, no hay dinero… Pero dinero hay, puesto que nos gastamos todos los días tres mil millones de dólares en armas. Por tanto, podríamos quizás empezar a buscar otras formas de manejar los conflictos. No había dinero para el Fondo Mundial para el SIDA. Unos once mil millones de dólares al año hubieran sido suficientes para que no se murieran tantas personas. Equivale a tres o cuatro días de inversión en armamento. No había dinero… y para el «rescate bancario», para la codicia y la irresponsabilidad, había ochocientos veinte mil millones sólo en los Estados Unidos… ¡No había dinero!

Los medios de comunicación nos tienen que transmitir esta realidad dramática y nosotros tenemos que aprovechar esta situación de perplejidad, sobre la que escribió Maimónides hace siglos. Además de la perplejidad, hay otra palabra que ilustra muy bien los fantasmas que tenemos que enfrentar. En marzo del año 1999 me invitó el Presidente de la Asociación Americana de Físicos a dar una conferencia inaugural en Atlanta. Y me impresionó mucho cuando proyectó una sola diapositiva con una sola palabra: inercia. Y dijo: «Éste es nuestro enemigo». Porque nos despertamos, y somos capaces de reaccionar pero, con gran frecuencia «llega» la inercia. Inmediatamente, los interesados en que sigamos adormecidos, obedientes y callados, se imponen. Por tanto, tenemos que ser capaces de aprovechar esta oportunidad de expresar de manera contundente que la sociedad civil está bien informada, está despierta, y ya no es espectadora sino que es actora. La sociedad civil de hoy no sólo recibe, sino que emite, no se calla porque tiene medios de comunicación suficientemente buenos para expresarse. Ya es hora de empezar de verdad a participar en democracias que son enormemente frágiles, porque cuando votamos nos cuentan, pero la democracia no consiste en ser contado, sino en contar como ciudadanos, en ser tenidos en cuenta como ciudadanos. Y es cierto que la mayor parte de las veces nos encontramos ante esta insoportable levedad de las democracias, parafraseando a Kundera, democracias que sólo nos cuentan: tantos a favor, tantos en contra.

Ha llegado el momento —y este podría ser un cambio radical en los albores del milenio— de participar, de dar a las democracias la firmeza que necesitan para oponerse a la inercia y a quienes desde hace siglos han ocupado los escenarios del poder sin dejar que la gente se asome a ellos. Miremos con un poco de perspectiva histórica los escenarios del poder. Un poder 98% masculino donde la mujer sólo aparece fugazmente. Es la historia de la toma de decisiones masculina, y en el escenario no aparece el ciudadano. El ciudadano ha sido vasallo, ha sido súbdito, hasta el punto de que ha estado permanentemente ofreciendo su propia vida, que es casi lo único que en muchas ocasiones tenían. Y era indiscutible el servicio a los designios del poder; no podía discutirse, aunque fuera para luchar por causas ajenas. La historia ha sido una retahíla permanente de batallas, de guerras, de confrontaciones, de conflictos. ¿Y dónde estaban los intelectuales? ¿Y los filósofos? ¿Y los pintores? ¿Y los escultores? ¿Y los poetas? ¿Dónde estaban? No figuran en la historia. Y por eso tenemos que empeñarnos en rehacer la historia, para demostrar que sí que contaban y que sus ideas son las que al final han tenido impacto y se han conservado a lo largo de los siglos. Pero desde un punto de vista del poder estaba claro: «Si quieres la paz, prepara la guerra». Y durante siglos hemos seguido este perverso proverbio: «Estate preparado porque te pueden atacar y tienes que poder defenderte.»

Y entonces, ¿qué es lo que hacemos? Aquello para lo que nos hemos preparado. Si nos hemos preparado para la guerra, hacemos la guerra. Como nadie ha dicho «si quieres la paz, prepara la paz», nunca le hemos dado una oportunidad, aunque la hemos deseado desde el origen de los tiempos. «La paz sea contigo, *shalom*, *salam*», y a continuación ¡bomba! Es una historia de una irresponsabilidad total. Hemos sido súbditos y ahora tenemos que pasar a ser ciudadanos. Pero para esta transición de súbditos a ciudadanos necesitamos a los medios de comunicación. Tenemos que utilizar, y ahora por primera vez tenemos la posibilidad de hacerlo, los SMS, internet… Podremos participar porque tendremos los medios de comunicación propios para hacerlo, aquellos que nos informan de la realidad gracias a los periodistas que describen fidedignamente lo que acontece.

Cuando se crean las Naciones Unidas en 1945 se dice: «Nosotros, los pueblos». No se dice «nosotros, los Estados» o «nosotros, los gobiernos». Y continúa: «hemos resuelto evitar a las generaciones venideras el horror de la guerra». Es decir, hemos decidido construir la paz y lo hacemos por los jóvenes. No se merecen que les estemos ofreciendo permanentemente horizontes sombríos, oscuridad, confusión, degradación del medio ambiente. Y para eso se crea cuatro meses después la UNESCO. Vamos a construir la paz por la educación, la ciencia y la cultura y nos basaremos en —y ahí viene este concepto al que antes hacía referencia— la igual dignidad humana. Lo haremos porque tenemos que ver en cada ser humano la misma dignidad. Sea hombre o mujer, sea negro o blanco, sea de una religión o de otra, de una ideología o de otra, *todos los seres humanos iguales en dignidad*. Y se hace referencia a la «solidaridad intelectual y moral». El Artículo 1º de la UNESCO dice: «La UNESCO garantizará la libre circulación de las ideas por la palabra y por la imagen». Era consciente de que sólo si hay información adecuada, si conocemos lo que sucede, si sabemos cómo es la realidad, entonces sí podremos conferir esta igual dignidad a través de la educación, la ciencia y la cultura. Entonces sí podremos de una vez tener una política de manos tendidas y nunca más de manos alzadas.

Eduardo Galeano ha ponderado la importancia de las utopías. Decía que cada vez que damos un paso hacia adelante, el horizonte retrocede otro paso… pero hemos caminado. Tenemos que fijar una serie de horizontes, que aunque sabemos que son inalcanzables, nos permiten ir hacia adelante. Galeano, además, nos contó la historia de unos niños y niñas que llegaban por primera vez a ver el mar. Al bajar del autobús, una de aquellas niñas tiró de la falda de su maestra y le dijo: «Maestra, ayúdeme a mirar». «Maestra, ayúdeme a mirar»… porque era la primera vez que veía el mar y no lo abarcaba. Y decía Eduardo Galeano que esto es precisamente lo que tenemos que procurar hacer. Tenemos que ayudar a esta nueva mirada, tenemos que mirar al mundo de otra manera, tenemos que mirar a los demás, como dice el Artículo 1º de la Declaración Universal de los Derechos Humanos: libres, iguales en dignidad y fraternalmente. Para esta alteridad, para este sentimiento de fraternidad, tenemos que tener una nueva mirada. Esta nueva mirada que Eduardo Galeano nos proponía en aquella reunión del Foro Social Mundial en Porto Alegre.

Cuando en el año 1966 llegaba a Oxford, como catedrático de Bioquímica, leí en el emblema del Condado una frase en latín que decía «*sapere aude*», atrévete a saber. Y me gustó mucho porque nos tenemos que atrever a saber, tenemos que conocer la realidad para transformarla. Pero después de trabajar en la Universidad de Oxford durante dos años pensé en cambiar un poco esta frase, porque es muy importante atreverse a saber si después practicamos el saber atreverse. Porque si sabemos y no nos atrevemos, no sirve para nada. El riesgo sin conocimiento es peligroso, pero el conocimiento sin riesgo es inútil. Pues bien, creo que ha llegado el momento de no guardar silencio. Ha llegado el momento de la sociedad civil. El momento de expresarse junto con los que nos describen la verdad fidedignamente. También necesitamos a periodistas que nos escriban su punto de vista, para que entre todos nos movilicemos y nos impliquemos. Hay una palabra clave, una palabra clave que es implicarse. No podemos seguir siendo espectadores.

Eduard Burke dijo: «¡Qué pena que por pensar que puedes hacer poco no hagas nada!» Dominique Lapierre le comentaba a la Madre Teresa en Calcuta: «He procurado juntar un poco de dinero para ayudarle, pero lo que he conseguido es como una gota en el océano.» Y ella rápidamente contestó que si esta gota no existiera, el océano la echaría de menos. Nos tenemos que dar cuenta de que esta gota a veces es la que cambia el curso de la historia. Rosa Parks tuvo el coraje de no levantarse cuando subió al autobús un hombre blanco. Y después Martin Luther King pudo inspirarse en ella. Él y Rosa Park son los que han permitido que un día los Estados Unidos del Ku Kux Klan sean los Estados Unidos del Presidente Barack Obama.

No podemos cambiar la realidad si no la conocemos, si no sabemos las personas que mueren de hambre, si no sabemos que muchas mujeres tienen que pasarse horas caminando por unos litros de agua… Si no sabemos todo esto es muy difícil que tengamos una conciencia apropiada de lo que debemos hacer desde el barrio próspero de la aldea global en favor de los demás.

He vivido la época en que en las Naciones Unidas se hablaba del Programa de Naciones Unidas para el Desarrollo. Y se decía que el desarrollo era una palabra que equivalía a la paz. La cooperación internacional para el desarrollo, «*cooperare*»: trabajar juntos en favor del desarrollo. La palabra compartir, partir con los demás, es absolutamente esencial para el desarrollo. Si no «partimos-con» los demás, no podemos esperar que haya desarrollo. Al contrario, las asimetrías se van haciendo mayores. En los años sesenta el desarrollo tenía que ser no sólo económico sino social, pero pasaron cincuenta años hasta que hubo una reunión sobre desarrollo social en Copenhague, en 1995. En los años setenta se habló del desarrollo endógeno: tenemos que ayudar a que sepan y que puedan colaborar en su desarrollo, para lo que daremos el 0,7% del producto interior de los países ricos. Promesa que ha ido quedando en papel mojado. Algunos países lo han alcanzado, pero han sido la excepción. Los demás países dijeron que las ayudas eran peligrosas, que eran mejor los préstamos. Y entonces, en lugar de pueblos, Estados; en lugar de ayudas, préstamos; pero lo peor de todo es que en lugar de valores, justicia social y derechos humanos, las leyes del mercado.

El mercado está formado por mercaderes. Hay mercaderes buenos, regulares y malos, y hay mercaderes a los que hay que ayudar, porque se lo merecen y hay mercaderes a los que hay que meter en la cárcel si es necesario. La globalización en 1989 hizo perder una ocasión histórica. Era el año que se celebraba el bicentenario de la primera Declaración sobre los Derechos del Ciudadano de la Revolución Francesa, y coincidió con el final del Apartheid. Nelson Mandela, después de veintisiete años de cárcel salió con los brazos abiertos y llegó a un acuerdo con Frederik de Klerk. Además se puso fin a ese enorme espacio de silencio que representaba la Unión Soviética. Se terminaba la guerra fría —«*...we are the world, we are the children...*», y tenían que llegar los «dividendos de la paz». Pero no hubo dividendos de la paz porque se dijo: «Ahora la globalización, las leyes del mercado». Y dió igual que lo denunciáramos y protestáramos pacíficamente. Se volvió a traicionar a los pueblos y, en lugar de fortalecer a las Naciones Unidas y hacer que el Fondo Monetario Internacional y el Banco Mundial cumplieran su misión, se creó la Organización Mundial del Comercio fuera del ámbito de las Naciones Unidas.

Los demócratas son los que pensaron en las Naciones Unidas, los que hablaban de «los pueblos». Frente a ellos, los plutócratas apostaron por el G7, G8, G13 ó G20. Tenemos que procurar que se acabe y volver al sistema multilateral. No pueden ser los países más ricos los que nos estén permanentemente reiterando unas promesas que después no se cumplen porque no se tienen mecanismos de seguimiento. Además, se suele confundir la justicia con generosidad. Hay que hablar claramente de justicia, de solidaridad entre todos los países del mundo para el desarrollo humano, integral y sostenible. No podemos pensar en la justicia social acompañada eventualmente de mecenazgos. Se trata de la voluntad política de los diversos Estados en el cumplimiento de sus obligaciones fundamentales hacia los demás. Bastaría con que lográramos disminuir un poco lo que invertimos en armamentos, tres mil millones de dólares diarios, reduciendo a escala mundial unos presupuestos que benefician a consorcios armamentísticos con poder creciente. Eisenhower se lo dijo a J.F. Kennedy en el momento del juramento en el año 1960: «Sólo hay un poder mayor que el del Presidente de los Estados Unidos: el del consorcio bélico-industrial.» Tenemos que procurar que las grandes inversiones se hagan en energías renovables, en la producción de alimentos. Si el 70% de la piel de la tierra es mar, tenemos proteínas aseguradas para todos los ciudadanos del mundo, pero tenemos que invertir en ello, igual que en la producción de agua. Podemos producir el agua que queramos con el conocimiento disponible, por desalinización, en islotes que no estén habitados o en islas artificiales. La cuestión es pasar un poco del dinero que hoy invertimos en ojivas nucleares y en armas a una gran política de desarrollo global sostenible. Invertir en medio ambiente, invertir en salud.

Hoy más que nunca la humanidad necesita unos medios de comunicación que estén lo más cerca posible de los ciudadanos, para que tengamos puntos de referencia fiables y sepamos lo que pasa. Si no conocemos la realidad no la podemos transformar, si la conocemos epidérmicamente sólo la transformamos epidérmicamente. Por tanto, la tenemos que conocer en profundidad y tener la valentía de expresarnos como ciudadanos. Entonces sabremos que si hubiéramos repartido un poco mejor hoy habría muchos más «clientes», y no sólo el 20% de la población mundial, y además, evitaríamos unas condiciones de vida que constituyen auténticos caldos de cultivo para el surgimiento de la violencia o la desesperación, como los flujos de emigrantes que se juegan la vida en una patera. Por otro lado, la violencia no se justifica nunca, pero tenemos que procurar explicarla. Tenemos que dejar de guardar silencio. Las mujeres juegan un papel fundamental en la cultura de la paz, que no podrá hacerse realidad hasta que no haya el 20% de mujeres en la toma de decisiones. La mujer se indigna igualmente, pero normalmente halla razones para aplazar el uso de la violencia.

La primera vez que estuve en la Unión Soviética fue en el año 1961 como bioquímico. Lo que más me impresionó fue el silencio de la seguridad total, que era igual a libertad nula. Seguridad total es recelo, es sospecha, es estar permanentemente imaginándote que te están vigilando. Es el silencio. Es el silencio de los amordazados, es el silencio de los que no pueden expresarse si no es con alto riesgo para su vida. Pero al cabo de mucho tiempo me di cuenta de que hay un silencio mucho peor que el silencio de los silenciados, que es el silencio de los silenciosos, de los que pudiendo hablar no lo hacen. De los que debiendo hablar no se expresan. Cuando fui Director General Adjunto de UNESCO, treinta años atrás, iba a verme a mi despacho de vez en cuando un pintor acompañado de las autoridades de la Unión Soviética,... y todos decían que era «el pintor de la Unión Soviética», lo que yo no veía con simpatía. Pasaron dos años y me envió un icono con un mensaje que decía: «Soy Ilya Glazunov. Usted no me tiene simpatía por ser el 'pintor oficial de la Unión Soviética'. Lo único que pretendía era ser suficientemente importante para poder ser un disidente eficiente.»

No tenemos que guardar silencio.

Escribí en el año 1995: «La voz a veces no fue voz, por miedo. La voz que pudo ser remedio, no fue nada». Y creo que esto nos lo tenemos que aplicar todos nosotros, todos los días. Pensar que nuestra voz podría ser remedio, pero que por miedo no es nada. La Declaración Universal de los Derechos Humanos dice en su preámbulo que viene a «liberar a la Humanidad del miedo y de la miseria». Estas son las dos grandes finalidades del desarrollo humano: liberarnos del miedo, hacernos ciudadanos valientes, ciudadanos decididos, ciudadanos bien informados, ciudadanos que junto a los medios de comunicación, permiten que aprovechemos esta crisis. Crisis financiera, pero crisis medioambiental, crisis alimenticia, crisis democrática, crisis ética...

Que la aprovechemos para este otro mundo posible en el que seguimos soñando.

Presentación

Elena Madrazo Hegewisch[1]

La Agencia Española de Cooperación Internacional para el Desarrollo (AECID) considera la comunicación una herramienta clave para la promoción del desarrollo. La comunicación para el desarrollo facilita la difusión de las políticas públicas de cooperación para el desarrollo, dar a conocer a la opinión pública los instrumentos de los que se dota el Estado, los recursos que moviliza para sus políticas de desarrollo, el porcentaje y tipo de información que los medios públicos destinan a las informaciones sobre los países en desarrollo. No obstante, su principal objetivo es el de contribuir desde la comunicación a la educación de la ciudadanía en valores solidarios, a la participación y la movilización social, que perduren más allá de gobiernos, estructuras, agentes públicos y privados; esto es, contribuir a la difusión de valores e informaciones que nos lleven a relacionarnos de forma más coherente con el mundo y el resto de la ciudadanía mundial.

Parece evidente que el poder de movilización de la sociedad civil es fundamental para llegar a la población no concienciada, y que la unión de los diferentes actores para la emisión de un mensaje claro sobre la necesidad de la lucha contra la pobreza es mucho más efectiva que la atomización de emisores, por este motivo la Agencia de Noticias (IPS) y la AECID suscribieron un acuerdo de colaboración para hacer más eficaz, participativa y mejor entendida por la ciudadanía la información sobre el Desarrollo. Este acuerdo quiere favorecer espacios de reflexión que contribuyan a

---

1 Directora de la Agencia Española de Cooperación Internacional para el Desarrollo (AECID).

convertir la comunicación sobre el desarrollo en una prioridad en las agendas de los medios, incrementando las iniciativas de comunicación sobre desarrollo, especialmente aquellas relacionadas con la comunicación local para sostener y promover la democracia y la libertad de expresión y así construir un mundo más sostenible y seguro. Fruto de este Acuerdo se han celebrado, entre otras acciones, distintos seminarios y dos Encuentros Internacionales en el marco de los cursos de verano de la Universidad Internacional Menéndez-Pelayo de Santander.

El libro que tengo el placer de prologar recoge las intervenciones pronunciadas en este último Encuentro que llevó por título «Comunicación y Desarrollo: pasos hacia la coherencia».

El objetivo central del seminario fue debatir sobre cuáles son los retos que en materia de comunicación tienen que ser asumidos por los distintos actores de la cooperación española para que su labor sea más eficaz, más participativa y mejor entendida por la ciudadanía, así como ampliar los vínculos con otros profesionales de la comunicación social para avanzar en la puesta en marcha de políticas públicas más afines al derecho a la comunicación y que contribuyan, de forma clara, a la lucha contra la pobreza, la exclusión y la desigualdad.

Más allá de ser una memoria del encuentro, este libro quiere servir de espacio para la reflexión de los distintos actores que desarrollan su actividad en el campo de la comunicación y el desarrollo. En un momento de crisis como el actual se hacen más necesarias estas estrategias conjuntas. Se necesita avanzar en el estudio, las prácticas y las teorías que de éstas derivan para posibilitar un mayor conocimiento y una puesta en común de acciones que eviten la dispersión y canalicen los esfuerzos hacia objetivos comunes compartidos.

La búsqueda de coherencia en las políticas de desarrollo requiere una reflexión y un debate sobre la consideración de la comunicación como un bien público que precisa un enfoque de derechos. Y cómo la comunicación brinda oportunidades concretas que permiten acompañar en los procesos de cambio social y favorecer los nuevos compromisos mundiales con el objetivo urgente de acabar con la pobreza y la exclusión.

Desde la AECID confiamos en que este libro y esta manera de comunicar nos permitan construir un mundo más justo y solidario.

Introducción

Raquel Martínez-Gómez y Mario Lubetkin[1]

Este libro, que recoge las ponencias y debates del *Encuentro Comunicación y Desarrollo: pasos hacia la coherencia*, que tuvo lugar en julio de 2009 en la Universidad Internacional Menéndez Pelayo (UIMP), es por encima de todo una unión de voluntades, un diálogo entre iguales, la necesidad de compartir, un intento de construir, un espacio para reflexionar desde las prácticas y las teorías. Responde a la propia naturaleza de la comunicación para el desarrollo, como un proceso que posibilita el conocimiento resultante de la suma de nuestras capacidades y facilita consensos inclusivos. Sólo si nos esforzamos en encontrarnos con los otros, conseguiremos hacer efectivas las distintas iniciativas del desarrollo.

Sumando voces, haciendo camino

Nuestro proceso de reflexión lo iniciamos en julio de 2007, cuando medio centenar de personas procedentes de instituciones de la Administración central y autonómica, Organizaciones No Gubernamentales, periodistas, expertos universitarios y Organizaciones Internacionales nos encontramos en la sede de la UIMP en Santander, respondiendo a la llamada de la Fundación Carolina y la agencia Inter Press Service. Allí debatimos acerca de cuestiones sobre comunicación que en aquel momento preocupaban a

[1] Coordinadora del Encuentro «Comunicación y desarrollo: pasos hacia la coherencia» y Director General de Inter Press- Service (IPS) respectivamente.

la cooperación española, como la poca visibilidad que tenían las acciones de cooperación —a excepción de las actuaciones humanitarias ante catástrofes—, la brecha que existía entre el apoyo masivo que la opinión pública otorgaba a la cooperación y el escaso conocimiento que tenía de ésta[2] y los retos que en materia de «rendición de cuentas», «eficacia de la ayuda» y «coherencia de políticas» estaban ligados a la Declaración de París y a la agenda internacional.[3] Pero también intentamos profundizar en otros temas que respondían a la naturaleza transversal del objeto de estudio que nos reunía: la comunicación como transformación social, su importancia en la construcción de la ciudadanía y en la participación, las asimetrías del sistema internacional de la información, las redes sociales…

Una parte fundamental del debate sigue siendo cómo enlazar y hacer complementarias la comunicación y la educación para el desarrollo. Ambas comparten el mismo objetivo, que queda sintetizado en la Estrategia de Educación para el Desarrollo de la Cooperación Española: el de promover una ciudadanía global comprometida en la lucha contra la pobreza y la exclusión, así como el desarrollo humano y sostenible. Si bien el apoyo de la opinión pública es necesario en el terreno político, para que además exista una demanda de mayor eficacia y calidad de la ayuda es esencial dar el salto cualitativo que permita contar con un respaldo ciudadano más consciente de los retos internacionales en materia de desarrollo, así como de la realidad de los países del Sur y de las dinámicas que incrementan las brechas a escala internacional.

---

2 Según los datos del Barómetro 2009 de la Fundación Carolina, al plantearse la cuestión de si España debe cooperar internacionalmente para ayudar a solucionar los problemas que tienen los países menos desarrollados, aunque ello tenga costes, el 71% de los ciudadanos contesta que sí debe cooperar. Este porcentaje se ha reducido gradualmente respecto a 2005, cuando esta proporción se elevaba al 84%.

3 Por ejemplo, es necesario comunicar los compromisos de la Agenda de París y después rendir cuentas sobre sus logros y sus errores. Ambas tareas tienen una dimensión interna, es decir, hacia las propias agencias —tanto en la sede como en las oficinas de terreno—, y una dimensión externa, hacia las ciudadanías y parlamentos de países donantes y socios.

Ya lo intuíamos, pero después de esa primera cita en Santander quedó más claro que la comunicación estaba en el corazón de la cooperación para el desarrollo y que pensar en una estrategia de comunicación española requería, además, reflexionar sobre el papel que tenía que jugar la comunicación en la coordinación y la búsqueda de consensos, sobre todo teniendo en cuenta la riqueza de actores que la idiosincrasia de nuestra cooperación exhibía. Se había dado un primer salto mortal para acabar con muchos de los vicios acumulados pero ahora había que consolidar los cambios y emprender un sinfín de tareas pendientes, con la presión, añadida, que exigían las expectativas creadas. Sólo con mecanismos acertados para lograr un buen consenso al interior del propio sistema de cooperación se podía buscar un mayor apoyo para las políticas de cooperación en el resto de la ciudadanía.

Tratamos en todo momento de partir de nuestra propia experiencia, y también de aprender de otras prácticas, de un saber acumulado que se tenía que conocer para poder avanzar en el debate. Todo aquello quedó recogido en un primer libro[4] y nos dio alas para seguir encontrándonos y reflexionando.

La importancia de las políticas públicas

El siguiente paso de este proceso tuvo lugar en la madrileña sede de la Agencia Española de Cooperación Internacional y Desarrollo (AECID) en febrero de 2009, en un taller organizado de nuevo por la Fundación Carolina e IPS y centrado en las políticas de comunicación para el desarrollo (ver Anexo I).[5] Dichas políticas son clave para profundizar en el conocimiento y la conciencia colectiva sobre el desarrollo internacional, pero sólo serán efectivas si se logran alianzas entre diferentes actores para su consecución y se

[4] MARTÍNEZ, R. y LUBETKIN, M. (eds.) *Comunicación y desarrollo: en busca de la coherencia.* Fundación Carolina, Siglo XXI, UIMP. Madrid, 2008.

[5] Las ponencias y comentarios se pueden consultar en: www.fundacioncarolina.es/es-ES/cealci/actuaciones/Paginas/Tallercomunicacionparaeldesarrollo.aspx.

establecen procesos participativos que permitan alcanzar consensos entre las fuerzas político-sociales sensibles a su importancia.

En el diagnóstico se definieron las barreras que impedían la formulación de políticas públicas de comunicación acordes con el objetivo del desarrollo. Las primeras son político-institucionales, como la falta de conciencia de los organismos públicos sobre el papel determinante de la comunicación en cualquier proceso de desarrollo para el cambio social; las segundas mediáticas, vinculadas a la visión de la comunicación como mercancía;[6] y el resto tienen que ver con la visión predominante de la comunicación para el desarrollo de los actores de cooperación —que en su mayoría todavía desconocen que los procesos de comunicación atraviesan todas las dimensiones de sus intervenciones— y la inexistencia de una conciencia social sobre la importancia del desarrollo internacional.

También se trató de identificar los contenidos prioritarios de esta política de comunicación, partiendo de la definición de distintos conceptos y valores, si bien, como señala Jesús Martín Barbero, a la vez que objetos de políticas, la comunicación y la cultura constituyen «el estratégico escenario que le exige a la política recuperar su dimensión simbólica —su capacidad de representar el vínculo entre los ciudadanos, el sentimiento de pertenencia a una comunidad— para enfrentar la erosión de lo colectivo.»[7] El objetivo último debe ser contribuir a establecer un diálogo desde y con la ciudadanía que fomente valores participativos y la difusión de informaciones que permitan relacionarnos con el mundo de forma más coherente y no nos confundan con versiones simplificadas de la realidad.

---

[6] Se abogó por una mayor regularización en el sector de los medios de comunicación bajo el principio y el compromiso de que todos cumplen un servicio público, independientemente de que su gestión sea privada, comercial, estatal, o comunitaria; y a poner límites a los actores que copan el mercado de la comunicación con monopolios.

[7] MARTÍN-BARBERO, Jesús (2001), «De las políticas de comunicación a la reimaginación de la política», *Nueva Sociedad,* 175: 70-84 pp. Editorial Nueva Sociedad, Caracas.

Coherencia y coordinación

El Memorándum de entendimiento firmado entre el Ministerio de Asuntos Exteriores y de Cooperación e IPS permitió, entre otras cosas, dar continuidad a este proceso. La siguiente convocatoria fue el *Encuentro Comunicación y Desarrollo: pasos hacia la coherencia* de julio de 2009, de nuevo en la sede de la UIMP en Santander. Incluir la palabra «coherencia» en el título tenía que ver con la importancia de la comunicación en ese otro proceso, todavía poco explorado, de hacer más coherente el objetivo del desarrollo con el resto de las políticas públicas con impacto en los países del Sur. Por una parte, porque en el diálogo al que había que someter a las distintas políticas para ponerse de acuerdo era indispensable contar con una buena estrategia de comunicación; por otra, muy relacionada, porque había que extender ese diálogo a la ciudadanía, buscar y contar con su respaldo lo más informado posible.

En el Encuentro de 2009, cuyos temas centrales están recogidos en los artículos que conforman este libro, también se debatió sobre las prioridades que existen en materia de comunicación y desarrollo en la cooperación española y se hicieron algunas recomendaciones generales para que las distintas instituciones puedan disponer de una guía. La primera responde a la necesidad de contar con una estrategia general que evite la dispersión y canalice los esfuerzos hacia objetivos compartidos. Además, para lograr sistematizar el conocimiento y aprender así de otras experiencias e iniciativas existentes, se aconseja apoyar el establecimiento de un observatorio de políticas públicas sobre comunicación y desarrollo. Este observatorio podría ayudar a identificar y proponer las bases sobre las que construir las líneas estratégicas de Comunicación para la cooperación.

Por otra parte, haría falta volcar esfuerzos y recursos humanos para revisar y mejorar los procesos comunicativos en los objetivos de coordinación y complementariedad entre los distintos actores de la cooperación española. También sería recomendable contar con convocatorias públicas específicas —o explícitamente designadas junto a las de Educación y Sensibilización para el desarrollo— destinadas a fortalecer la comunicación y a que ésta se considere en las actuaciones de cooperación como parte fundamental.

Entre otras recomendaciones más concretas se propuso incentivar la creación, producción y distribución de contenidos en línea con la Educación para la ciudadanía global, y también preparar una propuesta asentada en el «derecho de acceso» para Radio Televisión Española (RTVE). Asimismo, se consideró la posibilidad de trabajar junto a las organizaciones profesionales de periodistas y los sindicatos del sector para contribuir a la construcción de políticas públicas que garanticen mejor el derecho a la comunicación.

Explorando el futuro

A lo largo de estos tres años de reflexión estamos seguros de que el objetivo de la comunicación para el desarrollo no puede ser difuso: hablamos de una comunicación activa en la lucha contra las desigualdades y la exclusión, en la lucha contra la pobreza. Entre los diferentes caminos que se pueden seguir desde la comunicación por una Cooperación para el Desarrollo más eficaz, hemos elegido el que asume un compromiso más amplio con el desarrollo. Es decir, aquel que recoge la complejidad de la dimensión comunicativa, presente en todo tipo de actividad humana, y hace de ésta una oportunidad.

Seguiremos trabajando con el objetivo de que los diferentes actores de la cooperación que desarrollan su actividad en el ámbito de la comunicación se encuentren y logren una reflexión colectiva que sea de utilidad para cada uno en nuestro quehacer diario. El proceso ha sido franco, abierto, crítico, y a su vez acumulativo. Entendemos que la comunicación no es una responsabilidad solamente de los comunicadores o de los periodistas. Comunicar a la ciudadanía, y con la ciudadanía, los desafíos que tenemos planteados en materia de desarrollo internacional es una tarea ingente, que todavía necesita que se are la tierra, se siembre y abone el terreno. Sólo así germinará y crecerá esta semilla que lleva en su interior la responsabilidad de conocernos, de comprometernos, pero también la de explorar otros futuros posibles.

Primera Parte

Las políticas públicas de comunicación: estado de la cuestión y propuestas para el cambio

I.

El sistema mundial de comunicación: obstáculos para el desarrollo

Ignacio Ramonet Míguez[1]

Mi sentimiento es que no existe un sistema mundial de comunicación, porque supondría una estructura de la comunicación organizada, funcionando según criterios previsibles, cuyas leyes se pueden deducir, estudiar y prever. O sea, prever las consecuencias del funcionamiento de ese sistema. Lo que sí existe es un sistema salvaje evidente, es decir, que hay comunicación en el mundo y que ésta obedece a un cierto tipo de reglas que no están definidas ni descritas, y a los ciudadanos nos es difícil tener una visión clara de cómo funciona ese sistema. Uno de los objetivos de este Encuentro es tratar de entender cómo funcionan estos medios, según qué criterios, para ver de qué manera nosotros, seamos periodistas, mediadores, en definitiva ciudadanos, podemos integrarnos en el funcionamiento de este sistema.

Según mi visión, el sistema de comunicación internacional actual está funcionando con dos grandes esferas. Por una parte, está el universo de los grandes conglomerados, los grandes grupos mediáticos que controlan la comunicación y la información dominante que consumimos nosotros mayoritariamente cuando leemos la gran prensa, vemos los grandes canales de televisión o escuchamos las grandes emisoras de radio. El principal consumo de comunicación e información de la mayoría de los ciudadanos

1 Director de *Le Monde Diplomatique* en español. (Los coordinadores del libro han confeccionado este texto a partir de la transcripción de la ponencia de Ignacio Ramonet en el Encuentro de la UIMP sobre Comunicación y desarrollo, celebrado en julio de 2009).

del planeta, sobre todo en los países desarrollados, consiste en consumir la información producida por estos grandes conglomerados, como *News Corp, Sony, ITT,* etc. Es decir, estos grupos mediáticos dominan hoy el campo de la comunicación y se sienten a sí mismos como el sistema mundial de comunicación. Por otra parte, la segunda esfera del sistema de comunicación son las redes sociales o redes ciudadanas, que hoy utilizan distintos medios al alcance de los individuos. Se podría hablar de medios nómadas, o medios ligeros o livianos como Internet, los teléfonos móviles, las computadoras, las radio, la televisión comunitaria, etc. Estos medios existen también para hacer circular otra información, otra comunicación, otro concepto de lo que puede ser útil en términos de información para el despertar del ciudadano, de su comportamiento activo.

Entre esas dos nebulosas, que constituyen las partes más visibles de este sistema, se encuentra el Estado o las autoridades públicas, que en este momento están dudando si abandonar todo el sector de la comunicación y de la información al mercado, o si privatizar, en definitiva, el sector público de la comunicación como las leyes de la globalización se lo han exigido estos últimos años. Pero hay excepciones, y en algunos países el Estado o las autoridades públicas están regresando de esa fiebre privatizadora y tratan de afianzar o de crear un sector público de la información.

En síntesis, este sistema aparecería en mi opinión con tres grandes componentes. Por una parte, la comunicación institucional, que ya no es del Estado, como lo fue en los regímenes totalitarios o en regímenes de organización de economía de mercado, y también en los sistemas democráticos parlamentarios donde el Estado asumió la función de crear los grandes medios de comunicación social, al igual que otras competencias como por ejemplo correos, el sector telegráfico, las infraestructuras telefónicas o las carreteras. Es el caso de Europa, donde todos los grandes medios de comunicación social los ha creado el Estado, mientras que en Estados Unidos fue el sector privado el que llevó la iniciativa. Pero en los años ochenta y noventa una gran parte de estos Estados europeos privatizaron o cedieron parcial o totalmente al mercado los sectores de la comunicación y hoy son los grandes grupos mediáticos privados quienes representan la comunicación institucional.

Por otra parte, está la resistencia popular mediante las redes sociales o las redes ciudadanas, y de nuevo podríamos preguntarnos qué función puede tener el sector público en este contexto. Los grandes conglomerados son el resultado de las políticas que se llevan a cabo esencialmente a partir de los años noventa. En 1989 se produce la caída del muro de Berlín y marca el principio de la desaparición de la Unión Soviética, pero también en el plano de la comunicación es un año de ruptura. Recordemos que en 1989 se inventa la World Wide Web en el CERN (European Organization for Nuclear Research) de Ginebra. Hasta entonces Internet, que se venía desarrollando desde los años cincuenta por el Pentágono, se utilizaba de una forma mucho más arcaica y compleja, limitada para grupos de científicos, pero la invención de la World Wide Web hace que el intercambio de comunicación vía las telecomunicaciones pueda traducirse a la lengua de cada uno. Y no sería hasta mediados de los noventa cuando Internet empezó a tener importancia en términos de masa crítica comunicacional.

Los medios dominantes, primer elemento de la galaxia

La aparición de la World Wide Web tiene mucha importancia si la relacionamos con los grandes conglomerados, ya que permitió la revolución digital. Hasta entonces la comunicación se hacía esencialmente a través de tres sistemas de signos: el sonido, la imagen y el texto. El sonido es el primer sistema de comunicación entre humanos que aparece con el lenguaje. La escritura fue el más reciente, ya que existe desde aproximadamente cinco mil años, cuando se hizo corresponder un signo con un sonido, que a su vez correspondía a un concepto. Aunque existen decenas de maneras de comunicar, el sonido unido a la palabra, el texto unido a la escritura y la imagen son los tres sistemas dominantes de comunicación entre los seres humanos, y cada uno de estos sistemas ha desarrollado a lo largo de la historia una tecnología particular, con unas producciones, industrias y empresas particulares. Es decir, que la escritura, por ejemplo, da lugar al libro, que a su vez da lugar a una empresa que es la edición. El sonido, cuyos sistemas y mecanismos de conservación son mucho más recientes, prácticamente de finales del siglo XIX, va a desarrollar tecnologías específicas y empresas específicas como la edición de música, las emisoras de radio o los productores de grabadoras de sonido, etc. Y la imagen se puede almacenar desde hace poco más de un siglo. Existe una manera particular de transmitir la imagen y ello da lugar también a industrias y empresas como, por ejemplo, la fotografía, el cine, la televisión, etc.

Hasta la revolución digital no fue posible tener los grandes conglomerados mediáticos de hoy en día. Donde antes existían tres tipos de tecnologías de reproducción de sistemas de comunicación y tres tipos de empresas de reproducción, ahora sólo existe uno. Evidentemente, existían grupos importantes, pero no sumaban medios diferentes, sino que eran grandes grupos de prensa, de radio, de televisión o de cine. La revolución digital es una revolución tecnológica, científica, técnica, pero también es una revolución en la comunicación. Su importancia es semejante a lo que ocurrió con la invención de la imprenta, en la medida en que cualquier texto, imagen o sonido puede ahora expresarse en ecuaciones aritméticas, constituidas esencialmente sobre un sistema binario. En realidad son sucesiones de ceros y unos que combinados entre sí permiten crear una imagen, un texto o un sonido.

Estamos asistiendo a una concentración como nunca había existido en la historia de la comunicación. Es cierto que la dominación mediática no es de hoy, sino que se lleva a cabo desde que aparecen las comunicaciones de masas, que existen desde hace muy poco tiempo. No hay comunicaciones de masas en el sentido que le damos hoy en el siglo XIV o en el siglo XVIII porque no existía la técnica que permitiese dirigirse a decenas de miles de personas a la vez. Hay una célebre fotografía al principio de la Revolución Rusa, en 1917, donde se ve a Lenin en una plaza subido en un púlpito improvisado, dirigiéndose a una masa de gente. Es obvio que aunque Lenin tuviese una voz de barítono, sólo lo escuchaban unas cuatrocientas o quinientas personas como máximo y no unas veinte mil personas que había en esa plaza. El micrófono es una invención alemana de finales de los años veinte y sin micrófono no se podía hablar, por ejemplo, en un estadio, ni se podía hablar a millones de personas en ciudades diferentes. Por lo tanto, la historia de las comunicaciones de masas es una historia reciente. Anteriormente, existían otros sistemas que permitían dirigirse a muchas personas a la vez eficazmente, como el que utilizaba la Iglesia, que indicaba a cada uno de los párrocos qué hacer el mismo domingo a la misma hora. Así, la Iglesia controlaba la comunicación, y con ello la ideología.

La dominación de la comunicación ha sido un tema de preocupación desde la aparición de las comunicaciones de masas. Siempre ha existido la reflexión sobre si alguien que podía dirigirse a la vez a todo un país no acabaría convenciendo a todo el mundo. Este es el fantasma en el que cayeron los regímenes totalitarios. Hitler, hablando por la radio, dominaba el arte oratorio y la tecnología que permitía extender este discurso al país entero. También es el caso del fascismo en Italia. En *Una jornada particular*, película italiana, se muestra a un grupo de personas que se quedan en su casa porque no quieren ir al discurso de Mussolini, aunque finalmente no pueden evitar escucharlo porque en el patio del edificio la gente lo está oyendo por la radio. Por eso se dice que los regímenes totalitarios, en particular los fascismos europeos, tuvieron esa megalomanía de querer controlar, robotizar a los ciudadanos mediante el control de la comunicación. Una de las reflexiones más inteligentes sobre el funcionamiento de las comunicaciones de masas se ha hecho en una democracia. Es la película de Orson Welles, *Citizen Kane*, que indaga sobre lo qué ocurre en una democracia cuando un ciudadano, como el ciudadano Kane, posee un sistema mediático importante. En ese caso sólo poseía varios periódicos de influencia, pero hoy Murdoch, por ejemplo, domina el conjunto del sistema de comunicación, información y ocio —prensa, radio, televisión, cine, edición, edición musical, etc.— en decenas de países del mundo de varios continentes.

Hoy no sabemos exactamente donde están los límites de la comunicación. Nosotros podíamos decir hace unos años que la comunicación era aquello que estaba en torno a la prensa, la radio, la televisión, el cine, las tiras cómicas, la edición. Pero hoy hay que integrar la publicidad y todo lo que tiene que ver con el ocio en general, también el deporte, que esencialmente es un espectáculo que se consume vía televisión. De igual manera, hoy no sabemos bien qué es una industria de la comunicación. Hasta ahora nosotros pensábamos que eran las empresas de radio, televisión, cine, etc., pero hoy tenemos empresas de la electricidad, como por ejemplo ITT o General Electric que forma parte de los grandes conglomerados mediáticos; o empresas de telefonía, como Telefónica en España, que forman parte de un gran conglomerado que controla televisiones. También empresas de la construcción, como Buig en Francia, controlan sectores de la comunicación; o empresas de tratamientos de los deshechos, como Vivendi, se convierten en el dueño de Canal Plus, por ejemplo.

¿Por qué estos grandes grupos quieren participar de la comunicación? Esencialmente porque la comunicación es hoy una materia prima estratégica. Una materia prima tan rentable y tan estratégica como puede serlo el petróleo o el coltán, etc. Y así hemos visto aparecer a estos conglomerados que controlan hoy la comunicación con una idea esencial: que la información o la comunicación es una mercancía rentable. Es decir, que tienen una concepción conducida por la codicia. Además, estos grupos reaccionan como monopolios cuando dominan un mercado, y están dispuestos a atacar defendiendo el interés de empresa si aparece otro grupo de comunicación con intención de desarrollarse y crear su espacio. Y de esta manera se han creado los latifundios mediáticos. Antes era la tierra la que daba el poderío, la aristocracia era ante todo una aristocracia de la tierra, de la dominación de la tierra, de la explotación de la tierra, y de los campesinos, o de los peones, o de los siervos, o de los esclavos. Hoy día tenemos unos latifundios mediáticos, y se trata efectivamente no sólo de explotar a los trabajadores de esos latifundios mediáticos, sino también a los consumidores de estos latifundios mediáticos. Existen una decena de grupos importantes que controlan el 80% de la comunicación en el sentido amplio. Recuerden que hay sólo tres agencias globales importantes de comunicación. Hay una cuarta, que es IPS, pero está en una lógica completamente diferente.

Estos conglomerados creen esa idea de que quien controla la información, la comunicación y el ocio, controla las mentes. Estas instituciones, además, están funcionando hoy día globalmente, apoyados en la idea construida por la globalización de que su terreno de intervención no está limitado por un área nacional, regional o continental siquiera, sino que su área es planetaria. Y no estamos hablando sólo de lógica comercial, ya que en el caso mediático no podemos olvidarnos de que este megapoder empresarial, esta idea de controlar muchos medios en varios países o continentes, crea una especie de ebriedad de dominación, de sentimiento de súper poder. No se acepta que pueda haber otros poderes que pongan límites a esta expansión porque estos grupos se apropian de valores considerados como positivos —la comunicación, la libertad de expresión o de creación, la creatividad, los derechos de autor— y consideran que ningún otro poder debe limitar su expansión. Su poder es ideológico porque tratan de difundir una concepción del mundo desde un punto de vista interesado, no objetivo como se piensa que debe ser el sistema mediático, equidistante o mediador. Cada vez que consumimos uno de estos medios sentimos que están tomando posición, teniendo su opinión, y por lo tanto defendiendo una concepción del mundo. Por lo tanto, estos grupos son hoy los grandes productores de la ideología. Se dijo que «ya no había ideologías»: los partidos políticos están debilitados desde el punto de vista de su concepción ideológica, las fuerzas tradicionales, como la Iglesia o las Fuerzas Armadas, están en crisis, etc. Todo proyecto ideológico es un proyecto de manipulación, trata de introducir en la mente de cada uno la idea de que la sociedad en la que vive ha encontrado su sistema de equilibrio, y que no conviene modificar ese equilibrio. Todo proyecto ideológico, y el conservador en particular, intenta hacer que cada uno tenga en sí mismo su propio rector. La idea es que cada uno lleve dentro de su mente un ordenador que le diga: «Éstos son los límites».

Hoy en día este poder mediático está íntimamente ligado al poder económico. Los poderes mediáticos se han creado en las democracias para funcionar como cuarto poder. Recuerden que el cuarto poder no está contemplado en las constituciones. La democracia de la que hablábamos en 1789 se inventa con tres poderes: legislativo, ejecutivo y judicial. Pero sabemos, desde la aparición de las comunicaciones de masas, que un cuarto actor entró en escena: la opinión pública. Hoy en día no se puede gobernar sin la opinión pública, y se considera que ésta la forman los medios de comunicación, que se suponen libres, y críticos y, en definitiva, que son el juez permanente que sobre información seria y documentada van poniendo en causa las diferentes decisiones que toman los poderes políticos, en la medida en que son emanación de estos poderes legítimos.

Estamos hablando de legitimidad democrática, pero un gobierno puede ser demócrata y cometer aberraciones. Una de las peores aberraciones que se ha realizado en la historia de la humanidad ha sido la esclavitud, de la que practicaron gobiernos democráticos. Inglaterra, Francia, los Países Bajos, eran países democráticos y profundamente esclavistas. Recuerden que Obama, por ejemplo, hace de su toma de posesión ante el Congreso de los Estados Unidos, un edificio construido por los esclavos negros, como también lo es la Casa Blanca. Eran esclavos que pertenecían a las élites ilustradas que se sublevaron contra la dominación colonial británica, pero que practicaban la esclavitud tranquilamente. También el colonialismo lo practicaron democracias esencialmente. El colonialismo, que fue otra de las peores aberraciones que se han producido a lo largo del siglo XIX y XX, fue llevado a cabo, por ejemplo, por la Francia demócrata de la Tercera República, que fue el primer país del mundo que alfabetizó al conjunto de la sociedad. No se ve la contradicción: se puede ser demócrata y cometer aberraciones. Y es ahí donde el cuarto poder tiene que denunciar: no puede ser cómplice ni aliado del poder. Debe ser crítico, porque sin crítica no se avanza.

Actualmente, el poder mediático produce la ideología que el poder financiero practica pero no produce. En el marco de la globalización encontramos la alianza del poder económico-financiero, que es el primer poder, y el poder mediático. Constituyen una especie de unidad articulada y tienen la intención de controlar el poder político. El ejemplo más alarmante, porque es la caricatura, es el ejemplo de Berlusconi. Es la primera fortuna de Italia, es decir, encarna el poder económico y financiero que se encuentra como amputado si no tiene el poder mediático, y por eso construye el primer poder mediático de Italia: publicidad, comunicación, televisión, edición... Y una vez que tiene el poder económico-financiero, más el poder mediático, obtiene el poder político democráticamente. Hasta cuatro veces obtiene democráticamente el poder y es elegido Primer Ministro de Italia.

Esta caricatura muestra el sistema mediático actual, dominado por grandes conglomerados, conservador, al lado del inmovilismo de la sociedad. Tenemos el ejemplo de América Latina donde se están llevando a cabo las experiencias más progresistas del planeta para arrancar a las masas de las sociedades del subdesarrollo. Venezuela y Bolivia son dos países que la UNESCO acaba de declarar libres de analfabetismo. Se trata de arrancar el mayor número de personas de la pobreza, dar el mayor número de empleos a la sociedad, procurar servicios de salud, crear una red de agua potable que termine con la mortalidad abismal causada por el consumo de agua contaminada, etc. Pero el principal opositor que encuentran estos gobiernos progresistas de América Latina son los grupos mediáticos dominantes sin excepción. Es decir, los oligarcas, los latifundistas, las pequeñas élites de origen europeo que han dominado la inmensa mayoría de esos países y que son dueños, además, de los latifundios mediáticos. Hoy día los medios están en contra de esos gobiernos, sean cuales sean. Y lo que observamos con mayor estupefacción o perplejidad es que los grandes medios dominantes del mundo se solidarizan, no con la gente que está saliendo de siglos de pobreza y de subdesarrollo, sino con los grupos mediáticos que dominan como parásitos esas sociedades. Y lo vemos en todas partes porque hay una especie de hermandad de grandes grupos mediáticos dominantes.

Hoy tenemos Internet, decenas de televisiones, radios, toda clase de medios; gracias a la libertad de expresión podríamos vivir en un mundo con multiplicidad de información, pero el caso es que cada uno de nosotros puede observar que en realidad se funciona como en un monopolio, se produce «monotematismo». Y aunque hay muchos medios, todos hablan de lo mismo. Por ejemplo, la muerte de Michel Jackson ocultó decenas de acontecimientos del mundo. En Francia, los dos telediarios más importantes del país suprimieron toda la información para transmitir el homenaje a Michel Jackson. Del golpe de estado en Honduras, de lo que ocurría en Irán, de la revuelta uighur no se habló. Tampoco se dijo una palabra sobre la reunión del G192, que se reunió para tratar de aportar soluciones a la crisis económica antes del G8. Hemos llegado a una situación en donde la multiplicidad de medios crea «monotematismo», decenas de miles de medios de todo el mundo sólo hablan de una información.

Segundo elemento de la galaxia: las redes sociales

El segundo elemento del sistema internacional de comunicación son las redes sociales o las redes de resistencia. Es decir, que por una parte están los grandes conglomerados, pero por otra, a partir de principios de los años noventa empezó a organizarse lo que podríamos llamar una especie de guerrilla mediática que hacía frente a estos mastodontes. El uso de Internet y de los teléfonos celulares mediante el envío de mensajes sms facilitó la creación de redes sociales. También el uso de la radio digital, en particular de las radios comunitarias. Desde que aparece Internet se dota a cada ciudadano de la posibilidad de dirigirse al planeta entero, lo que hasta este momento era imposible. Se podía comunicar con alguien que se encontrase en otro lugar del planeta, por ejemplo a través del teléfono, pero con Internet se puede comunicar con cualquier persona, simultáneamente, se encuentre donde se encuentre. Se crea un sistema de comunicación que se dirige a personas que no se conocen, pero que pueden reaccionar positivamente al mensaje que uno emite.

El primero que vio la posibilidad de utilizar este sistema fue el subcomandante Marcos. Desde la selva de Chiapas, comprometido con la reivindicación de una comunidad indígena, va sintiendo que el uso de Internet le permite dirigirse a todos aquellos y aquellas que quieran seguir informándose sobre esa lucha. Marcos hace irrupción en la escena mediática internacional el 1 de enero del 1994, con la entrada en funciones del Tratado de Libre Comercio entre Canadá, Estados Unidos y México. Y desde 1994 hasta principios del año 2000, Marcos va a ser el que mejor va a teorizar sobre el concepto de resistencia social no violenta, política y mediática. Es decir, crea una red planetaria que tiene vocación de concentrarse sobre una lucha concreta, que es la lucha de las comunidades indígenas de Chiapas, pero que también es representativa de lo que significa la globalización: la invasión de territorios vírgenes y la destrucción de culturas, lenguas y prácticas minoritarias. Una lucha que es a la vez etnológica y ecológica porque es la defensa de una identidad cultural y de una diversidad biológica desde la práctica de la no violencia. Otra idea interesante en la lucha de Marcos es la crítica a la globalización a partir del principio de que el proyecto no conduce a la toma de poder. Marcos partió del principio de que el poder político hoy era un poder falso. Que todo aquel o aquella que llegaba al poder se encontraba sin poder en la medida de que el poder verdadero es económico-financiero y mediático. Es decir, una vez que después de elecciones alguien conquista el poder se encuentra maniatado porque los grandes grupos empresariales le dictan las decisiones que deben tomarse desde el punto de vista económico y financieros; presionado por los organismos y acuerdos internacionales, e ideológicamente limitado por los grandes grupos mediáticos.

La única solución está en cambiar la sociedad, elemento por elemento. Es decir, ir cambiando las mentes y conquistar el poder real de la sociedad. Esto es lo que tratan de hacer las redes sociales, las redes comunicacionales. Y con esta idea de que otro mundo es posible se han ido creando organismos como ATTAC o el Foro Social Mundial, que va a permitir que las resistencias sociales, las que se están llevando a cabo en distintas ciudades, puedan difundirse. La resistencia social, por ejemplo, de los ciudadanos en Cochabamba contra la privatización del agua, todos los movimientos indígenas, las luchas en general contra las privatizaciones. Las radios comunitarias juegan un papel esencial porque en América Latina el acceso a Internet sobre todo es posible para las clases acomodadas, pero hay muchas personas que todavía no disponen de electricidad o de medios para poder adquirir los elementos indispensables para su uso y tienen que recurrir a otras formas de comunicación como la radio comunitaria.

Estos medios transmiten información alternativa y nuevas formas de resistencia y de organización democrática, descentralizada, participativa. El movimiento social se organiza a partir de una acción, que puede ser una concentración, que después produce una reflexión sobre la manera en que se ha conducido esa acción. El paso siguiente sería una discusión en torno a esa reflexión y una síntesis y conclusiones sobre esas discusiones que conducen una modificación en la manera en que se ha conducido la acción. Es decir, se actúa en cinco tiempos: acción, reflexión, discusión, conclusión y modificación. Nueva acción, nueva reflexión, nueva discusión, nueva conclusión, nueva modificación. Es una manera de organizar y liderar la creatividad social y es una manera colectiva de avanzar, de llevar a cabo iniciativas, de proponer soluciones inéditas para problemas concretos. No hay una lectura general de todos los problemas de la sociedad, no es un programa global, sino que se llevan a cabo iniciativas para solucionar problemas concretos como el problema de la vivienda, del agua, de la escuela, del dispensario...

Y así es como poco a poco, y de manera democrática, se llevan a cabo elecciones en Bolivia, Ecuador, Argentina, Brasil, Uruguay, Paraguay, Nicaragua, El Salvador, etc. En todas estas victorias electorales el actor principal no es una personalidad sino el movimiento social. No se puede entender lo que está pasando en este momento en América Latina si no se tiene en cuenta que es el movimiento social, que es un movimiento de movimientos, el que está llevando a cabo la iniciativa. Sin el apoyo de los movimientos sociales no hubiesen sido elegidos y reelegidos presidentes como, por ejemplo, Rafael Correa, en Ecuador, que era un economista sin base social importante; Evo Morales, en Bolivia, o Fernando Lugo en Paraguay. Lo cual indica que este sistema de comunicación, paralelo, diferente, alternativo, basado en mecanismos que pueden ser despreciados por los grandes conglomerados, es eficaz a la hora de hablarle a la gente de sus problemas concretos. Y es más eficaz que los mecanismos de distracción, que los mecanismos de alienación, que simultáneamente estas personas están recibiendo mediante los grandes medios de comunicación.

Aunque los grandes conglomerados hablan a veces de resistencia social lo hacen curiosamente con respecto a ciertos países; pero no respecto a otros. Por ejemplo, se habla de la resistencia mediática de la ciudadanía iraní frente a la represión o a las elecciones. Pero ocurrió lo mismo en México, cuando fue elegido Felipe Calderón, que ganó oficialmente con una diferencia del 0,56% de votos frente a su rival, y la oposición de izquierda reclamó simplemente que se contasen de nuevo los votos, lo que fue apoyado por millones de mexicanos y decenas de movimientos sociales. Era la misma situación que Irán, y ya se habían inventado los teléfonos móviles, ya había vídeos que mostraban también la represión, como la que hubo en *Oaxaca*, pero de eso no se habló porque no interesaba. Porque los grandes grupos dominantes mexicanos apoyaban a Calderón, y los grandes conglomerados mediáticos internacionales estaban apoyando a los grandes grupos mediáticos mexicanos. Otro ejemplo es Honduras, donde el golpe de Estado fue seguido de una resistencia mediática extraordinaria, que produjo decenas de textos, imágenes, sonidos que mostraron que ese golpe de estado no fue aceptado por una parte importante de la sociedad. Pero sin embargo hubo una censura radical con el movimiento social hondureño. Esa parte importante de la sociedad y esa resistencia no merecieron salir en los grandes medios, ni siquiera mereció la pena hacer mención a esa resistencia. Sólo los periódicos oficiales que pertenecen a la oligarquía que dio el golpe merecían ser reproducidos.

Por ello, finalmente, los grandes medios de comunicación quieren, no sólo dominar los sectores tradicionales, sino dominar el resto de los medios. Al mismo tiempo, los medios dominantes desarrollan la idea de que todos podemos ser periodistas, pero ¿qué es un periodista?, ¿cuál es la identidad del periodismo? ¿no estaremos asistiendo a la destrucción del cuarto poder?

II.

Desarrollo que no llega: el papel de la comunicación

Rosa María Alfaro Moreno[1]

Toda disciplina y profesión está vinculada al desarrollo. Tiene algo que aportar. Se trata de armar un tejido comprensivo que nos quite el frío y nos proteja del excesivo calor. Más aún, cualquier propuesta de cambio será mejor si las diferentes profesiones miran y aportan entre unas y otras, articulándose. Las fragmentaciones disciplinarias que generó la modernidad nos han conducido a segmentar nuestra propia comprensión del sujeto y su sociedad. Estamos ante múltiples ojos abiertos cuyas pretensiones suelen ser cerradas y radicales. Al final enceguecen y no ayudan. Este es un esfuerzo por ligar comunicación a desarrollo, y dentro de esa relación colocar otras visiones como la interacción entre subjetividades y objetividades, cultura y política, situación con cambio social y poderes diversos. Perder el miedo a estos cruces y asociaciones, nos ayudan a ser más comprensivos y atrevidos y apostar al futuro.

1. Breve historia del desarrollo en comunicación

El desarrollo como meta o destino de nuestras sociedades se viene nombrando con fuerza desde los años sesenta, estableciendo vinculaciones desde sus inicios con la comunicación, aunque débiles y restringidas aún. En esos momentos, su sustento fue

[1] Fundadora y actual presidenta de la Asociación de Comunicadores Sociales Calandria.

el diagnóstico de nuestras sociedades, recurriendo a perspectivas o conceptos más o menos diferenciados, manteniéndose en la postura crítica. Había miradas varias, incluso antagónicas porque pesaban ideologías y posiciones políticas diversas. También se modificaban algunos problemas según países o territorios distintos e instituciones involucradas tanto académicas como políticas o de la sociedad civil, incluyendo a personas y autores específicos que generaron producciones significativas.

A la vez se fueron gestando diversas prácticas concretas ligadas a la comunicación educativa, abriendo así una ruta histórica interdisciplinaria del desarrollo, casi en paralelo con el análisis de la realidad, aunque sin tocarse. Sin embargo el sustento teórico estaba lejos de ella. Pesaba más el compromiso con los pobres que la evidencia de su aporte al desarrollo. Importaba especialmente el fin educativo de la comunicación, el que generaría mejoramiento en la vida de las personas especialmente en el campo rural. Pero, tal enfoque no lograba empatar con el análisis de la sociedad en su conjunto y las rutas del futuro de nuestros países. Eran pasos dados pero no siempre integrados. Fue el momento en que hubo cierto acercamiento de algunos gobiernos para ayudar a personas y grupos sociales especialmente rurales a salir adelante, en una perspectiva más o menos despolitizada. Hubo organismos internacionales como la FAO que se sumó a la vinculación entre comunicación y desarrollo rural. En ese camino las desarticulaciones de ambos campos fueron manteniéndose sin superarlas. La palabra desarrollo se fue legitimando, a pesar y quizá por ello, desde diversos sentidos, lo que perdura hasta hoy.

Años después, y casi al mismo tiempo, el desarrollo se va aceptando desde miradas más racionalistas, llegando a perfilarse diversos modelos de desarrollo, basándose en investigaciones y diagnósticos sobre nuestros países y apostando a rutas de cambio o mejoramiento de las mismas, teniendo como principal conductor al Estado. A la vez se ingresó al mundo de la acción desde planificaciones donde lo comunicativo era sólo instrumental. A pesar de ello, fueron momentos de grandes producciones intelectuales y emprendedoras, apareciendo técnicas de diseño de actividades como un ordenamiento indispensable desde cada país. Posición que tuvo diversas miradas como las estructuralistas o aquellas de quienes proponían partir del subdesarrollo para ir corrigiéndolo hacia el desarrollo. El eje estuvo en la organización de cada sociedad o país desde una perspectiva más estructurada y de conjunto. Sin embargo, las polarizaciones políticas e ideológicas del mundo tuvieron su peso, como los países del Este, la propia Cuba y otros. Así se llega a cierta politización del desarrollo, siendo la comunicación sólo una derivación de esas miradas. El modelo más visible y extendido siguió siendo el del crecimiento económico, natural y espontáneo, siguiendo la ruta del mercado y la libertad empresarial. Luego devino en el neoliberal, colocando al libre comercio y la circulación de capitales entre países como el gran y único gestor del desarrollo, pero que hoy ante la crisis global ha empezado a dibujar su fracaso. Algunos de estos momentos pasaron, otros quedaron fijos, algunos vienen evolucionando.

En este cruce de procesos, especialmente desde los años 70 y algo antes, vale la pena destacar que nuevos actores en confrontación debilitan al desarrollo como posibilidad, pues lo enrumban hacia la revolución. La experiencia exitosa de Cuba pesó en las izquierdas latinoamericanas. Para ellos, el desarrollo requería otro poder y organización política y económica a la cabeza, vía insurrección, desapareciendo la lógica capitalista. El camino más social, económico y estructuralista del desarrollo, mirado como un todo, fenece por una época. Y evidentemente, aquellos antagonismos políticos sólo recurrirían comunicativamente a la propaganda en unos casos, al miedo desde las izquierdas en guerra y a la publicidad en el mercado en otros. En todos los casos el desarrollo se esfumaba. Siguió siendo un deseo colectivo multiforme.

Desde los 80, la comunicación se independiza del desarrollo y se piensa a sí misma, se desarrolla para poder generar actitudes y transformaciones, conectándose con movimientos y comunidades populares. Pero se aparta de la lucha política guerrillera. Mejor dicho, se prepara para aportar en gestar una nueva sociedad sin saber con certeza cuál sería. El NOMIC elaborado por intelectuales destacados, resaltó la importancia de las equidades en el campo comunicativo y su importancia en incrementar el desarrollo, con apoyo de la UNESCO. Se colocaron topes a la concentración empresarial comunicativa. Aporte muy significativo pero que fracasó y fue incluso negado por la propia UNESCO ante críticas generadas, en especial por el sector privado. Es también cuando empiezan a aparecer radios educativas, alternativas, comunitarias e instituciones especializadas en comunicación. Ese momento dio vida o abrió puertas a la generación de un nuevo movimiento popular que revaloraba a los sectores más discriminados y se entregaba a ellos, «dándoles voz a los que no tienen voz», pero necesariamente no se repensó el desarrollo ni sus rutas de transformación.

Los 90 fueron años de nuevas experiencias comunicativas ante la ausencia de modelos integradores hacia el desarrollo. No se preocuparon de nuevos retos educativos para gestar ciudadanía desde la comunicación y comprender las complejidades de cada país. Pero sí la comunicación popular en sí misma salvaría a comunicadores y comunicados. Se logra descubrir cómo los problemas vividos debieran traducirse en temas públicos y deliberantes para todos, lo que no se sabía hacer. Algunos de estos momentos pasaron, otros quedaron fijos, algunos vienen evolucionando. El gran libro que editara Alfonso Gumucio Dragón y Tomas Tutte,[2] como compiladores, nos presentan ese amplio panorama con distintas miradas desde diversos continentes. Hay posiciones más o menos radicales y otras que apuntaron al crecimiento económico, más medido en unos casos pero no en otros.

Las prácticas fueron constituyendo diferentes procesos de comprensión y uso de esta asociación entre comunicación y desarrollo, la que se centra en: legalizar leyes; crear y desarrollar medios alternativos y comunitarios; forjar movimientos ciudadanos, etc. Se pretendía darle protagonismo a los ciudadanos, haciéndose cargo del desarrollo como una atención a problemas específicos. La definición de ciudadanía utilizada fue simplista y hasta equivocada. Se entendió al pobre como víctima al que debía salvarse mediante la comunicación para llegar al desarrollo. No se le asumió como

---

[2] Gumucio-Dragon, Alfonso y Tufte, Thomas; Compiladores. «Antología de Comunicación para el Cambio Social. Lecturas Históricas y Contemporáneas» Consorcio de Comunicación para el Cambio Social. Bolivia. Marzo, 2008.

actor de transformaciones. Es la época en que surgen especializaciones en comunicación y desarrollo en facultades de universidades latinoamericanas, para ayudar a los más necesitados.

La palabra «desarrollo» fue desgastándose en la medida que lo que se proponía no se hacía realidad. Ello llevó a muchos sectores a sentirse incómodos con la palabra y adoptaron la nominación de «cambio social», cuya formulación en algunos autores lo rebaja a una lucha social, dejando de lado otros factores. También podemos hablar de procesos de comprensión y uso de esta asociación entre comunicación y desarrollo, creando y desarrollando medios alternativos y comunitarios, movimientos ciudadanos. Se trataba de darles protagonismo en la sociedad, haciéndose cargo del desarrollo como presión social ante gobiernos o como atención a problemas específicos para resolverlos. Sin embargo, la perspectiva política seguía perdiendo importancia.

Las complejidades del desarrollo

El Desarrollo, de por sí es una apelación enigmática que responde a múltiples conceptos, intereses y sentidos. Hay modelos y propuestas trabajados históricamente que intentaron aplicarse sin obtener resultados, a pesar de contar con investigaciones y definiciones más o menos precisas y sólidas.[3] En muchos casos, la palabra desarrollo expresa deseos colectivos múltiples sobre mejoras en la propia vida cotidiana, dependiendo de quién las formule y

---

[3] Diversas propuestas y estudios varios sobre la cuestión:
CEPAL, diversos estudios.
Sunkel, Oswaldo; Paz, Pedro «El subdesarrollo latinoamericano y la teoría del desarrollo» Siglo XXI editores.
Max-Neef, Manfred; Elizalde, Antonio; Hopenhayn, Martín. «Desarrollo y cambio social, aportes y retos para las ONG.
_Varios informes sobre el desarrollo humano en el Perú desde el PNUD.
Sen, Amaryta. «Desarrollo y cambio social, aportes y retos para las ONGs.
_«Desarrollo humano en Chile» PNUD 2002
Sunkel, Oswaldo; Zuleta, Gustavo «Neoestructuralismo y Neoliberalismo en los años 90».

desde qué situación, incluyendo aquellas restringidas al nivel individual y familiar, como también al impacto mediático que se busca. No faltó quienes la asociaban sólo al crecimiento económico de un sector empresarial específico o general, reduciendo la apuesta a ambiciones específicas y no a transformaciones sociales incluyentes. Detrás de tal vocablo convivían posiciones incluso contradictorias que muchas veces se ocultaban sin desvelarlas. Sin embargo, reconocemos que *desarrollo* sí puede responder a situaciones de injusticias en la vida, admitiendo que algo o mucho anda mal en lo cotidiano, a partir de sensibilidades o intuiciones de ciudadanos y organizaciones. Encierra al mismo tiempo sueños y demandas de mejorar desde todos los sectores. Sigue siendo una aspiración fuerte pero incierta. Sin embargo, permanece el mito de que cada país y gobierno específico podrá lograr los cambios que todos necesitan, simplificando románticamente la ruta a construir, dada su complejidad, pues también exigiría articulaciones internacionales. Los fracasos históricos nos aseveran tales afirmaciones.

La noción de «crecimiento» vinculada al desarrollo es también ambigua, se precisa poco pues no evidencia quién crece y en qué o para qué. Si la usa un empresario millonario, dueño de muchas empresas, su mirada monopólica encierra una perspectiva diferente. En cambio, si la sostiene una empresa urbana pequeña o una experiencia indígena o campesina de producciones y exportaciones, buscará sobrevivir y compartirán apoyos entre varios. El que surgió desde abajo, y en unión con otras empresas similares, logra generar una pequeña industria, apostará a un crecimiento que le dé sostenibilidad como objetivo, aunque con precios bajos. Igual quien aún no puede ni siquiera mantener un pequeño negocio en su barrio y está sin trabajo debe sentir que el crecimiento es la ayuda populista para su familia y poder sobrevivir. Peor aún, los olvidados indígenas y del campo que nadie conoce están marcados por el aislamiento y sólo buscan no morir. Por ello, una visión de desarrollo que se abra a entender todos los procesos y problemas diversos requiere de un intercambio comunicativo que precise de qué se está hablando, cómo se está haciendo y adónde se pretende ir. Ese mapa público de crecimientos múltiples no está aún expresado desde su propio laberinto, menos aún se debate sobre cómo reorganizar el camino. Los diversos impedimentos que se cruzan tampoco están claros para evitarlos o darles otro rumbo. Sin embargo, los problemas o se resuelven o se empeoran con salidas específicas y organizadas tomando en cuenta su complejidad. De hecho, la pobreza sigue creciendo y las inequidades se mantienen. Hay mucho por aprender. En ese sentido los medios debieran ser un espacio que nos permitan saber cómo estamos en todos los campos y poder imaginar otra sociedad y los procesos para llegar a ella.

Es importante recurrir a algunos aportes conceptuales sobre el desarrollo para no perdernos. A veces la dureza racional de los mismos estrecha y empobrece el pensamiento. Más vale la pena abrir todo lo que cabe para ordenarlo, escapando de durezas teóricas y terquedades de algunas posiciones. Se trata de trabajar con referentes que ordenen nuestro pensamiento y encaminen la acción transformadora. Así, recogemos la visión humanista de Amartya Senn subrayando el mejoramiento de la calidad de vida de todas las personas. Pero a la vez nos relacionamos con los Objetivos del Milenio, y también es clave la participación ciudadana. Nuestro límite en lo que buscamos estaría marcado por dos grandes principios a respetar y conseguir al mismo tiempo: justicia y libertad. Pero a los logros objetivos habría que añadirle los deseos subjetivos encontrándoles un lugar. Las experiencias de cambios posibles o ya realizados en experiencias concretas pueden ser referentes de avances.

La política entre enfoques y viabilidades

Si bien el desarrollo apunta a transformaciones sociales, expresadas en objetivos del Milenio o en posiciones más precisas, las propuestas de cambio aún se encuentran en fase social y económica, lenta y escasa, mientras que la mirada política se empobrece y restringe. La propia noción de Estado no se desarrolla como una organización política de todos, identificando compromisos varios y diferenciados. La democracia es entendida sólo como proceso electoral que no resuelve problemas, más bien se ahoga en corrupciones. Los partidos políticos no forjan capacidades en sus miembros para saber tejer desarrollos. La construcción de una cultura política ciudadana está aún por empezar. Al parecer, no asociamos nuestros derechos al respeto de los otros, ni tampoco se conectan a obligaciones. La construcción de comunidades y asociaciones en diálogo es endeble. El líder político no es quien asume y conduce procesos de desarrollo. No se debaten, evalúan y reorganizan propuestas desde su viabilidad. Estamos hoy ante ídolos o enemigos. Los primeros regalan obras, beneficios y trabajo, buscando simpatías y un culto a la persona, en perspectiva populista. Los segundos buscan derrotar a sus contrincantes y hasta hacerlos desaparecer. Entre ambos no hay acuerdos posibles porque sólo importa ganar o eliminar al otro.

Sin embargo, no es posible el desarrollo sin políticas democráticas y nuevas nociones sobre el poder, sustentadas en ideologías productivas que van afirmándose y afinándose a la luz de la experiencia, desde un quehacer que comprometa a todos los ciudadanos posibles. Se trata, por lo tanto, de superar la dicotomía entre desarrollo y democracia convirtiéndolas en dos grandes columnas que sostendrán un solo edificio, es decir, articulará los cambios sociales y políticos que nuestros países necesitan, como ya lo veníamos enunciando.

La política nos lleva a «las políticas» comunicativas. No estamos ante una propuesta publicitaria sino ante rutas de incidencia para generar condiciones de ese otro desarrollo. No sólo se sustenta en conseguir políticos aparentemente adecuados, sino en producir políticas integradas de comunicación para el desarrollo y del desarrollo para la comunicación.

Evidentemente estamos en sociedades enfermas e injustas. Es distinto diagnosticar problemas para denunciarlos que identificarlos para resolverlos. Es bueno ubicar los más estructurales en el sentido de ubicar lo que sostiene tales problemas. Los romanticismos ideológicos no sirven. No puede haber avances del desarrollo sólo desde arriba. Constatamos la ausencia de estos aspectos en las formulaciones del desarrollo actual y en ese sentido están marginándose sentidos centrales. No estamos ante técnicas sino ante retos. En algunos trabajos realizados vemos que la comunicación alternativa no está generando cultura ciudadana democrática.

La política debe ubicarse al servicio de ese desarrollo dual e integrado y no usarlo superficialmente para conseguir triunfos partidarios, personales y comunitarios. Debiera ser más bien promotora del ejercicio democrático especialmente participativo y de pluralidad. Es distinta la participación como valor en ella misma que como aporte a ese desarrollo que requerimos ir construyendo con justicia y libertad. Muchas prácticas y ejecución de proyectos han dejado de lado esta dimensión menos racional y que se basa en sensibilidades y compromisos éticos y humanistas.

Toda democracia, incluyendo su ordenamiento, por lo tanto, requiere prácticas de vida y de organización política basadas o regidas por derechos, como también mantenidas por un sustento ético que todos debiéramos compartir en su valoración y sentido práctico. La corrupción se está comiendo a las democracias formales en el mundo global. Arrasa ideologías, democracias y genera autoritarismos aunque de diversas maneras. Saber vivir juntos en equidad, no es suficiente, respetándose unos a otros y con respecto a la legislación existente. Se trata también de esa otra ética del cuidado haciéndonos responsables unos de otros. Tanto la ética valórica como la del cuidado y la hermenéutica que nos ayuda a escuchar, entender y dialogar, deben atravesar los sentidos del desarrollo y su camino para ir construyendo ética como objetivo o logro a conseguir. Las distintas propuestas del desarrollo que han circulado por el mundo no integraron la ética, salvo la del desarrollo humano. Quizá por estas ausencias estemos rodeados de fracasos.

Observando el papel de los medios: los medios sí pueden mejorar

Hace dos años formamos una red latinoamericana de observatorios, cuyo primer trabajo fue analizar cómo los periódicos nacionales de ocho países trataban el desarrollo.[4] El primer informe de Observatorios en Red fue resultado de cuatro monito-

[4] Alfaro, Rosa María (editora y compiladora) ¿Desarrollo? Encuentros y Desencuentros entre Medios y Ciudadanía. Observatorios en Red. Medios de Comunicación en América Latina. Lima 2009.

reos realizados a 41 periódicos de ocho países, en 4 días del 2008, seleccionados al azar, cuidando que fueran fechas que reflejaran lo cotidiano de un medio. Se llegaron a analizar 7.955 noticias. Esto nos permitió ver que el desarrollo y sus temáticas específicas estaban incluidos en un 13,7%, mientras que la política lideraba el 48,8% de las noticias. Al analizar sólo las referidas al desarrollo, 78,5% estaban al interior de una sección secundaria. Y 66,1% de ellas se quedaban sólo como nota informativa. 58,2% ocurrían en las capitales. Si sumamos las notas informativas, los anuncios públicos y eventos a realizarse llegamos al 85,6%. Y en un campo restringido del 14,4% aparecían problemas sociales y pobreza, vía denuncias y protestas. Es decir, el desarrollo aparecía sin protagonismo y con escasa información, opinión y ningún debate. El concepto de desarrollo estaba oculto en los acontecimientos. Pero debemos reconocer que aunque esté en los mínimos se encuentra ya presente en los medios latinoamericanos y queda mucho por hacer en este campo.

El problema no está sólo en la propiedad de los medios, sino en la ubicación del periodismo dentro de ellos. Además, se han iniciado procesos de producción de leyes para los medios con participación ciudadana, significativos aunque no perfectos. Nace también una nueva preocupación por la ética periodística. Son señales de viabilidad de cambios en el campo mediático. Si bien se avanzó en que el desarrollo ingrese a los medios de manera parcial, estamos todavía frente a un periodismo muy distante o poco comprometido con los cambios que cada país necesita, menos aún a destacar ese proceso apasionante que compromete a muchos para disminuir cada vez más la exclusión social. Los objetivos del milenio no son conocidos ni promovidos ni usados para evaluar lo que ocurre. Estamos ante un periodismo que no se renueva, pues está encerrado o estancado en la descripción de acontecimientos. No establece vínculos entre sociedad, ciudadanía y política. La calidad periodística se centra casi exclusivamente en escribir bien y dominar los formatos, pero no qué se escribe y para qué se hace, ni las rutas posibles del futuro. Tampoco hay una preocupación por lo que ocurre en los ámbitos locales de su sociedad, deteniéndose en la política y los centros de poder. Las universidades preparan periodistas «escritores» pero desarraigados y desubicados de la sociedad. Por ello, no hay preocupación por el desarrollo, menos por una buena información acompañada de acontecimientos. Sin embargo, han adquirido una soberbia profesional que les impide escuchar al ciudadano común y corriente, dejándolo en su rol de víctima y no como protagonista del desarrollo. La libertad de expresión es un derecho profesional asumido, sin valorar que es derecho de todos. Por ello nos encontramos ante ciertos periodistas marcados por una soberbia que no tiene sentido.

Pero, en algunos lugares la relación entre sociedad civil y periodismo se está reconstruyendo, en búsqueda del desarrollo. Hoy somos fuente de información y de opinión para algunos medios. En uno de ellos se gestó un grupo de asesores del periódico, muchos de los cuales trabajaban en ONG. Hay más pluralidad de opiniones en varios. El periodismo cívico trabajado en Colombia y Perú es significativo, más asumido por periodistas locales, y no por lumbreras de capitales. En esa línea el ciudadano sí es el actor, la fuente y la presión por transformaciones. Las demandas de capacitación desde el periodismo hoy son significativas pues se están reconociendo sus desubicaciones. No estamos ante antagonismos entre buenos y malos. Necesitamos identificar procesos complejos y trabajarlos con cuidado, generando redes de medios que abran puertas al ciudadano. La demanda por la capacitación acerca del desarrollo se extiende hoy también al campo de la ética.

Hacia un desarrollo como resultado del quehacer colectivo transformador, sin «modelos»

Los fines de los 90 y los actuales, van construyendo otro panorama para quienes sostuvieran lo dicho anteriormente, aunque algunos siguen repitiendo sus sueños. Hoy todos somos conscientes de las dificultades existentes que no viabilizan el logro de una nueva sociedad pronto. Las grandes empresas no aprenden ni quieren hacerlo, pues la responsabilidad social se reduce a pequeños o grandes apoyos sin ruta. La ganancia define la comunicación privada y hasta estatal. Desde los 90 quien levanta al fallecido desarrollo es la cooperación internacional, pues establece contacto con la sociedad civil y también con los gobiernos explorando otros caminos con posibles rupturas y transformaciones, ubicándose en el campo de las inequidades. Pero, durante años, este apoyo construyó diversas normas pero no grandes aprendizajes. Por ejemplo, se evalúan logros y no procesos ni errores que podrían justamente hacernos ver qué cambiar. Algunas agencias en ese sentido se han burocratizado. Y la influencia de la comunicación como campaña las enredó desviando su papel transformador (plan estratégico que viene del empresarial).

Sin embargo, hoy me atrevo a decir que es evidente que no importa el desarrollo como un deber ser, sino como un conjunto de procesos dinámicos que se aplican, evalúan, redefinen; que van midiendo lo que se va consiguiendo y examinan sus fracasos. Necesitamos sociedades que busquen recrearse. El desarrollo no es más un modelo inicial basado en pensamientos críticos y diagnósticos negativos, se trata de convertirnos en sujetos capaces de producir transformaciones relevantes, con los diversos actores. La crítica es una ayuda o una referencia, no una finalidad. Y la comunicación debe posibilitar que nos escuchemos unos a otros, aprendiendo a debatir.

Ello nos lleva a cambiar esa dicotomía entre teoría y práctica, que ha venido siendo tan nociva. No hay práctica que no tenga implícita una teoría o varias y en confusión. Tampoco las teorías pueden ser válidas si éstas no nos dicen nada para entender la realidad y su posibilidad de transformación, renovación o cambio. Es un mito que los teóricos sean intelectuales y los prácticos actores ciegos de segundo nivel. Se trata más bien de repensar la teoría desde lo que ocurre y renovar las prácticas desde esas teorías que no son duras y que saben cambiar. Y para ello es fundamental escuchar, pensar y crear. Es interesante comprobar cómo las comunidades indígenas demandan ser oídas, buscan el diálogo como una forma de construirse a sí mismos, reclaman ser consultadas porque están seguros de que no las entienden. Es decir, quieren ser alguien en su propio país, reconocidos como pertenecientes al Estado. Esos encuentros y desencuentros requieren desarrollarse continuamente, examinándolos y aprendiendo. La comunicación debe convencer a gobiernos y partidos de que el diálogo, especialmente el preventivo, no es debilidad sino fortaleza, para lo cual hay que cambiar los sentidos del poder político del «que manda» por el que construye con la propia sociedad sus nuevos caminos. Es decir, estamos buscando diferentes rutas y conceptos de desarrollo al mismo tiempo que los vamos descubriendo y aplicando.

Desarrollo real y simbólico en los ciudadanos: ser valorado y escuchado en construir futuro

La palabra desarrollo, como ya se explicó, está cargada de muchos y diversos sentidos, hoy se usa para diagnosticar o resolver toda situación, problema o momento difícil, muchas veces de manera utilitaria y simplista. Para muchos sólo dice deseos de cambios o mejoramiento de la vida de todos y de la propia, incluso el acceso a servicios que aseguren un futuro mejor o el ejercicio de derechos al bienestar. Otros, en cambio, siguen asociándolo directamente al crecimiento económico de algunos para aumentar su capital y mantenerse en líneas de continua expansión global. Dicotomía que debe seguir debatiéndose, pues no tiene fin. Hay quienes, sin embargo, apuestan por una sociedad democrática a la vez que justa, con equidades y libertades conquistadas y no regaladas.

En la investigación realizada en ocho países latinoamericanos por «Observatorios en Red. Medios de Comunicación en América Latina», complementando los monitoreos, se centró en descubrir los discursos y sensibilidades ciudadanas, de lectores de periódicos. Encontramos grandes sorpresas. Algunos ciudadanos, especialmente peruanos, sostienen que el desarrollo no surgirá de arriba ni del sistema político actual, sino desde abajo, porque van apareciendo otras economías más distributivas, refiriéndose a pequeños comerciantes con capacidades para ayudarse mutuamente en sociedades específicas y que van construyendo otra industria más cercana e incluyente hacia los pobres, pues fueron sus creadores. Su producción y/o venta, sigilosamente ha venido creciendo en ámbitos rurales y urbanos, acercando la relación entre productor y consumidor, incluyendo la exportación. Sin embargo, tienen poco pesó público y político, todavía circulan muchos por el camino de lo ilegítimo. Los medios debieran presentarlos evidenciando toda su ruta y futuros posibles. La comunicación debe visibilizar todo camino al desarrollo por específico y pobre que sea.

Algunos más realistas en varios países dicen que es un «proceso gradual de la satisfacción de las necesidades básicas». O el desarrollo «puede ser un puente entre política y sociedad» porque evidentemente ve las separaciones existentes, tal como se están asumiendo. Alguien más escéptico dice «un país puede tener una economía muy desarrollada pero ser un desastre en inclusión y equidad». En la misma línea se dice «no sé si vamos hacia un desarrollo, nos vendieron un cuento» Otro critica sosteniendo que «hoy en lugar de educar se capacita». Una persona dice «yo sólo veo cadáveres» refiriéndose a los medios. Varios cuestionan el centralismo existente como explicación de tanta inequidad y pobreza.

En una encuesta realizada en Perú nos reencontramos con un gran escepticismo hacia el poder político, que genera hasta odio y furias colectivas, con respecto a partidos, congreso e incluyendo a poderes varios del Estado como el Ejecutivo. No sólo no ayudarían al desarrollo sino que serían un impedimento del mismo. Es evidente que ninguno será posible si excluimos al ciudadano, pero también el compromiso del Estado es clave, para lo cual debe transformarse a sí mismo como el lugar público de todos los ciudadanos y autoridades de un país.

La política es así condenada y con ella el tipo de democracia que tenemos. En la misma encuesta observamos nuevamente el peso de lo comunicativo como demanda ciudadana, se reclama consulta y diálogo entre gobiernos y ciudadanos. La rebelión de las comunidades amazónicas en mi país pide que los tomen en cuenta antes de una decisión que los compromete como el Tratado de Libre Comercio (TLC) u otras opciones, quieren ser escuchados y dialogar, la demanda en ese sentido es importante. Una Apu llegó a levantar la escucha como un derecho ciudadano. Y lograron instalar varias mesas de diálogo con el gobierno. Por ello estamos peleando por una ley de medios públicos que permita un acercamiento e interacción entre gobernantes y gobernados. Alguien de otro país dice:

«Debemos sacar la democracia a las calles.» Pareciera que para la propia ciudadana no habrá desarrollo posible sin comunicación.

Llamaba la atención en algunos casos el uso de lenguajes simbólicos. Por ejemplo, se definía al desarrollo como un buen equipo de fútbol, eficiente o capaz, ordenado, cada uno en su papel, con buenos conductores, trabajo de preparación y colocador de goles. Otro indica que habrá desarrollo cuando todas las casas posean un water y un televisor, evidentemente quiere decir más, situado desde la vida cotidiana y las conexiones con otros escenarios. Políticos y empresarios conocen poco a los ciudadanos comunes y corrientes, más aún a los pobres y discriminados, minimizándolos. No están en capacidad aún de integrarlos comunicativamente. Las miradas de cada país, sus expectativas y demandas, sus problemas, incluso sus fallas no son conocidas ni reconocidas por políticos, empresarios y medios. Las distancias son enormes y altamente peligrosas, capaces de impedir el desarrollo posible. Tanto en las experiencias de desarrollo como en políticas complementarias se ha ido perdiendo el sentido ciudadano de cada persona y su importancia por pobre que sea. Cada persona no se siente pertenecer al Estado, es extraño al «sí mismo» ciudadano. La población quiere ser escuchada, ser alguien mediante la comunicación. En ese sentido, tanto los gobiernos populistas y los tradicionales no sirven, pues forman una comunicación de masas a veces condenatoria, adulona y cercenadora de lo ciudadano.

Sin embargo, el desarrollo hoy está en el discurso de políticos de izquierda, derecha y centro. Igual en diversas profesiones y temáticas. Como también está en sectores sociales y culturales varios. Y de diferentes países. Ha adquirido un protagonismo excepcional, sintetizando imágenes de una aspiración o deseo colectivo de mejoras y cambios. Además ha logrado precisar sentidos específicos como mejoramiento de la salud, educación, trabajo. Adquirió legitimidad, a pesar de ser aún una palabra hueca que admite diversos sentidos. Pero para los pobres es inclusión. Sin embargo, los Objetivos del Milenio son poco conocidos por los afectados, tampoco por medios y periodistas, a pesar de que su concreción ayuda a definir caminos sin una utopía del desarrollo definida, porque hoy es imposible, pero será un resultado futuro a construir.

Es evidente que la hegemonía del crecimiento económico como aspecto sustancial del desarrollo está en problemas serios, pero se mantiene como opción real para sus beneficiarios. En esa definición podemos observar modos diferentes de entenderlo. Y desde cada sector social, incluyendo a las personas individuales, hay descontento y en algunos países enfrentamientos ante esa propuesta en situación de fracaso aunque busque su readaptación. El debate ciudadano en la calle, en los medios, en redes electrónicas, en las asociaciones de distinto tipo tiene que instalarse, para ser comprendido. Pero, principalmente importa que haya acercamientos comunicativos para tomar decisiones, probar, evaluar y reajustar el camino de gestación del desarrollo desde la injerencia pública. Estos esfuerzos no pueden estar ocultos. Y deben rearticularse redes con frecuencia para discutir ese desarrollo posible. Las relaciones comunicativas más eficientes siguen siendo las de frente a frente y en vivo, de verdad. Países como comunidades que se reconstruyen a sí mismas y ayudan a otras, en cadena continua pueden ayudar a crear esa otra brújula para otro desarrollo. La comunicación mediática, Internet y las relaciones directas construyen interacciones varias.

Un ciudadano dice que el desarrollo es un proceso gradual de la satisfacción de las necesidades básicas. Otros hablan de cada de vida, de ausencia de ética a superar, o la importancia de los valores a respetar. Hay una percepción más humanista del desarrollo, se critica duramente el centralismo de los periódicos. Apelan a que deba haber una relación entre política y sociedad. En Atenas, los jóvenes griegos en rebeldía se sentían sin futuro posible y reclamaban por ello. Esta es una clave, el desarrollo debe ser el futuro de los jóvenes pero trabajada desde el presente por todas y todos. Al mismo tiempo, no podemos olvidar que los cambios son posibles cuando se toman en cuenta las capacidades construidas y las culturas ciudadanas.[5] Aspectos claves a tomar en consideración en nuestros diseños estratégicos.

---

[5] Klisberg, Bernardo; Tomassini, Luciano *Capital Social y cultura: claves estratégicas para el desarrollo*. Banco Mundial-EFE, Fundación Felipe Herrera, Universidad de Maryland- IADB 2008.

Procesos comunicativos de reconstrucción desarrollando una cultura democrática y ética

Hoy día podemos entender el desarrollo más bien como un conjunto de procesos que van reconstruyendo la sociedad existente, ubicando aquellos problemas importantes a resolver en el corto y largo plazo. Se trata de ubicar la mirada en una balanza que guarde ese equilibrio entre justicia y democracia, ya subrayado, superando los antagonismos existentes. La educación puede tener un papel clave en este camino. Necesitamos partir de lo que somos y de lo que es posible y viable hacer. E ir resolviendo los problemas existentes. Tanto la opción socialista como la liberal fracasaron. La opción romántica de un otro paraíso no funciona porque más se habla de ella que se la aplica. Se ubica en logros lejanos sin sustento cuando más bien debemos ingresar a procesos de construcción, en sí mismos transformadores.

La utopía es ahora otra, pues tenemos que construirla en relación con prácticas y aprendizajes, que deben ser altamente significativos. Más bien se ubica en nuestras propias capacidades que se van gestando para construirla. Hay un desperdicio en los proyectos, no se retoman para recuperar los aprendizajes habidos. La experiencia de cómo romper la apatía sí es posible, como se ha logrado en actividades públicas de la Veeduría Ciudadana de la Comunicación, usando la calle y salones del Congreso de La República. Hay mucho por hacer.

III.

Las políticas públicas de comunicación y sus desafíos

Prof. Marcial Murciano[1]

Las políticas de comunicación

La comunicación emerge como una actividad estratégica internacional después de la Segunda Guerra Mundial, en el proceso de reconstrucción posbélico y como herramienta esencial en los nuevos objetivos para alcanzar el desarrollo de las sociedades atrasadas. En un primer momento se consideró que la comunicación era fundamentalmente un vector de acción unidireccional, basado en el supuesto de que el incremento de la difusión de conocimientos, actitudes y prácticas sobre el desarrollo a través de los medios de comunicación de masas ayudaría a la transformación de las sociedades tradicionales en modernas.

Este papel de la comunicación social como instrumento del desarrollo nacional fue aceptado y desarrollado durante las décadas de 1950 y 1960 (Lerner y Schramm, 1972). Los esquemas de actividades comunicativas basadas en la sociología difusionista y en las estrategias de persuasión de masas fueron comunes en las numerosas experiencias que se desarrollaron en África, Iberoamérica y Asia, impulsadas por los gobiernos nacionales y las agencias internacionales de cooperación.

Una revisión de estos postulados a finales de los años sesenta del pasado siglo provocó un cambio de pensamiento en favor de nuevas orientaciones que ampliaron los ámbitos de estas iniciales

---

[1] Marcial Murciano es catedrático de «Estructura y Políticas de Comunicación» en la Universidad Autónoma de Barcelona.

actividades comunicativas y del concepto de las políticas nacionales de comunicación. En este sentido, las nuevas formulaciones rompieron con los esquemas anteriores, definiendo las políticas de comunicación no sólo como acciones sectoriales que actuaban sobre segmentos de los medios tradicionales y algunos de sus contenidos, sino que abarcaban el conjunto de las actividades comunicativas, como la publicidad, la circulación de la información, las emergentes tecnologías de la informática y las telecomunicaciones, las prácticas periodísticas, la investigación académica de los procesos de comunicación, el sistema de reglamentación de los medios y la misma formación de los periodistas. La transcendencia de esta nueva concepción de las políticas de comunicación residía en que su implementación perseguía la reestructuración de todo el sistema comunicativo de una sociedad, para que éste sirviera de una forma intensiva y coherente a las nuevas estrategias globales e integradas del desarrollo.

Las políticas de comunicación desde esta nueva perspectiva se convirtieron en el paradigma de un amplio proceso de movilización social, en el que las sociedades nacionales deberían participar no sólo en tanto que agentes clave para el establecimiento de los nuevos objetivos para su desarrollo, sino también en la definición y en la potenciación de nuevos instrumentos de comunicación social. De esta forma, los esquemas difusionistas iniciales dieron paso a enfoques más complejos, y fundamentalmente más participativos, centrados en la acción alternativa de los actores colectivos y en el cambio social (Ciespal, 1981).

Desde esta nueva perspectiva los sistemas nacionales de comunicación deberían atender y satisfacer el amplio conjunto de necesidades y demandas que formulaban las sociedades en materia de información ciudadana, educación formal e informal, entretenimiento, circulación libre y plural de opinión, etc., con el objetivo de constituirse en una de las herramientas esenciales del desarrollo. En síntesis, se postuló que desde los poderes públicos se potenciaran los sistemas de comunicación, se ampliaran sus funciones y sus usos, en los términos de mejorar y ampliar unos espacios de comunicación que favorecieran las estrategias para el desarrollo y a la vez posibilitaran cambios en las actuaciones y en las políticas, para que éstas actuaran como factores democráticos de integración social y de desarrollo (Servaes, 2003).

Esta creciente problematización y generalización del papel de la comunicación y la información en los procesos de desarrollo —en síntesis, sobre el rol de los medios de comunicación en el desarrollo de una sociedad—, adquirió finalmente, en la década de los ochenta del siglo XX, un protagonismo internacional muy destacado con los debates relacionados con la redacción del *Informe MacBride*, que fue más tarde respaldado y aprobado por la UNESCO (UNESCO, 1980). Sin embargo, la implantación paralela en el ámbito internacional de las políticas económicas neoliberales supuso un duro revés a todo el trabajo intelectual y a la praxis que se había llevado a cabo, a lo largo de las tres décadas anteriores, sobre la contribución de las políticas de comunicación al desarrollo. Este trabajo se había convertido por otra parte, tal como se ha señalado, en una reflexión más amplia sobre el bienestar de las sociedades, su desarrollo, el papel de la política y la contribución de la comunicación a todo ello, y quedó cercenado muy pronto por la radical oposición a la financiación y a la implementación de las nuevas políticas de comunicación integrales por parte de gobiernos de países tan significativos y con tanto peso político en el escenario de la cooperación internacional como los Estados Unidos, Inglaterra y Alemania, entre otros. El boicot de las grandes potencias a la implementación de las recomendaciones establecidas en el *Informe MacBride* ha permanecido en el escenario internacional hasta bien entrado el siglo XXI.

Por lo demás, las políticas de comunicación, en tanto que mecanismos de regulación, no volverían a ser tomadas en consideración hasta una década más tarde, en particular cuando la Unión Europea se planteó los problemas supranacionales de la de armonización y el desarrollo de sus sistemas audiovisuales, el fomento de sus cinematografías nacionales, el reequilibrio de los flujos audiovisuales y la regulación de las políticas de telecomunicaciones y de la nueva tecnología (Consejo de Europa, 1999).

El desarrollo de la industria de la comunicación

En términos generales, la expansión e internacionalización de las políticas económicas neoliberales durante las cuatro últimas décadas ha favorecido el desarrollo, primero, y la consolidación, más tarde, de una poderosa industria de la comunicación, fundamentada en la información, la comunicación y el entretenimiento como base para producir mercancías estandarizadas, creadas y distribuidas por empresas multinacionales altamente concentradas y excluyentes. Este poderoso y moderno complejo industrial de la comunicación articula tanto a los medios tradicionales de comunicación, como a las modernas redes de telecomunicaciones y las nuevas tecnologías y a la publicidad (Murciano, 1992). En este contexto, dominado por los sucesivos procesos de concentración horizontal y vertical, la descentralización comunicativa, la pluralidad de las fuentes de información y la diversidad de la producción cultural se manifiesta tan sólo residualmente, en el interior de un modelo económico-comunicativo ampliamente comercializado que ha terminado por imponerse a escala mundial.

La investigación empírica internacional ha puesto de manifiesto los riesgos y las barreras que este modelo supone para la libertad informativa, para la profundización de la democracia y para el desarrollo y la cohesión social, tanto en las principales sociedades occidentales como en los países en desarrollo (Pasquali, 2005). Un modelo que por otra parte se basa preferentemente en las potencialidades económicas del sistema comunicativo y en la valorización simple y llana de los costos y beneficios como criterio fundamental para la producción informativa y cultural, que reduce significativamente las relaciones sociales de comunicación, la libertad de expresión y el pluralismo, y la capacidad social para la construcción del desarrollo.

De lo general a lo concreto

En un reciente estudio, realizado por investigadores de las universidades Complutense de Madrid, Pompeu Fabra de Barcelona, y de Navarra, sobre los contenidos de los informativos de seis canales de televisión de ámbito nacional (Tele 5, TVE 1, Antena 3, Cuatro, La 2 y Canal+), los contenidos sobre deportes, catástrofes naturales y sucesos copaban la información ofrecida al telespectador. Aunque cada cadena utilizaba un perfil propio para suministrar esta información, todas ellas coincidían en ofrecer un alto porcentaje de noticias deportivas. Antena 3 el 22,9% (un total de 1.001.474 segundos en un año), TVE 1 el 21,8%, Cuatro el 29,8%, Tele 5 el 13%, Canal+ el 14,8% y La 2 el 8,1%. Otro rasgo común de la información televisada analizada era el elevado porcentaje sobre noticias relacionadas con desastres naturales o sucesos. Tele 5 dedicaba el 12,5% (49.658 segundos en un año), Antena 3 el 9,3%, TVE 1 el 9,6%, Canal+ el 13,4% y La 2 el 8,0%.

Este estudio clasificaba la información de los canales en géneros o categorías de contenidos como: deportes, violencia, catástrofes, terrorismo, gobierno, partidos políticos, interés social y medioambiente, entre otros. La información política, en particular la relacionada con el Gobierno de la nación, oscilaba entre un 8% (en TVE 1, la que más tiempo dedica, 33.995 segundos en un año) y el 5% (en Tele 5, 20.205 segundos). Solo el canal público La 2 potenciaba otro tipo de noticias, a las que el resto de las cadenas no prestaban tanto interés, como las relacionadas con el interés social (el 7,6%), la ciencia y la tecnología (el 6%) o el medioambiente (el 5,9%). El estudio analizaba también los escenarios geográficos en los que se producían las noticias. La capital, Madrid, era el foco informativo de la actualidad, pues tres de cada cuatro noticias tenían esa procedencia. Sólo un 10% de las noticias emitidas tenían un contexto europeo, el 5% procedían de Asia y apenas un 3% tenían como escenario Iberoamérica. África era la gran olvidada de los informativos, con la sola excepción de La 2, que le dedicaba una atención limitada aunque constante, el 3,2% de su tiempo informativo.

La investigación que hemos tomado como referencia es un ejemplo clarificador de la flagrante reducción de la función informativa en la comunicación social, cuando aquélla es sometida a las leyes del mercado, en un entorno de políticas de comunicación desreguladas como el actual. Como se ha dicho en numerosas ocasiones, y en distintos foros nacionales e internacionales desde el *Informe MacBride*, el destino de la democracia se está jugando en el terreno de la comunicación, y en este mismo sentido, el destino del desarrollo también se encuentra vinculado al estado de la comunicación de una sociedad, y a sus políticas comunicativas y culturales. El acceso a la comunicación democrática y participativa continúa siendo hoy como ayer el eje sobre el que se deben edificar las nuevas políticas de comunicación, dando prioridad hoy a los nuevos entornos informáticos y a sus redes de distribución.

Las políticas de desregulación

En todos los países, el Estado ha contribuido de forma esencial a la configuración y el desarrollo de las grandes infraestructuras de comunicación y al establecimiento de los diferentes medios de comunicación (desde el correo a las redes de telecomunicaciones y desde el libro a internet). La actuación del Estado se ha llevado a cabo mediante políticas de comunicación que han oscilado entre el impulso a la industria nacional y el comercio y la potenciación de los valores del interés general y la cohesión social, que podemos asociar con los objetivos del desarrollo. Este ambivalente interés por lo industrial o por el interés general ha sido el elemento que ha legitimado la intervención del Estado para promover el desarrollo de los medios, sus políticas específicas y los valores que las sustentaban.

En las últimas décadas, coincidiendo con la generalización de las políticas desreguladoras y neoliberales, el Estado ha encontrado dificultades para redefinir los valores del interés general en el nuevo entorno de transformaciones que ha introducido la revolución digital y la extensión de la nueva tecnología de conexiones como el satélite, el cable y las nuevas redes de comunicación. Como es bien conocido, durante este período se ha producido una clara hegemonía de las fuerzas de la economía, al pasar éstas a dirigir e imponer los valores fundamentales del mercado y del comercio en el desarrollo social y en el sistema cambiante de los medios de comunicación. Esta nueva realidad ha colocado a menudo al Estado en una posición debilitada y subalterna frente a los nuevos retos del desarrollo social que promueve la emergente sociedad de la información. Es ésta una situación ambigua y contradictoria, ciertamente transitoria, en la que la pérdida de la centralidad del Estado convive con las nuevas demandas que reclaman una mayor presencia. Por ejemplo, sabemos que sólo el Estado, a través de las competencias constitucionales atribuidas, es la única institución que puede garantizar, defender y fortalecer las libertades públicas en temas de información, comunicación y desarrollo sociocultural, en la salvaguardia del pluralismo informativo, en el fomento de los derechos culturales y en los nuevos entornos electrónicos, entre otros, considerados todos ellos indispensables para un desarrollo social y cultural sostenible y equilibrado.

Esta tensión entre Estado y Mercado, característica del ciclo iniciado, como se ha dicho anteriormente, a principios de los ochenta, permite comprender mejor las incertidumbres y las ambigüedades de las políticas de comunicación en nuestros días. Asimismo, pone de manifiesto las dificultades que existen en las sociedades contemporáneas para definir de manera unívoca los objetivos esenciales que deben ser identificados y redefinidos para impulsar las nuevas políticas de comunicación (Murciano, 2006).

Sin embargo, de forma paralela y contradictoria, también existe en nuestras sociedades una creciente concienciación sobre la necesidad de avanzar en los procesos de democracia participativa frente a los excesos del individualismo económico y del dominio del mercado en la esfera de los bienes informativos y culturales, como también en los objetivos del desarrollo. Al respecto es ilustrativo, por ejemplo y entre otros, el debate público originado por la creciente mercantilización de la programación de la televisión o del espectáculo cinematográfico, en una época de crisis, de incremento de la pobreza y de grandes desigualdades, tanto nacionales como internacionales.

La tradición de las políticas de radiotelevisión pública en Europa

Uno de los sectores donde la política pública en comunicación ha tenido una más larga, intensa e importante actividad han sido los servicios de radiotelevisión en Europa. Durante más de medio siglo, la radiotelevisión pública europea ha establecido unos valores de interés general a proteger bajo los principios del servicio público y el interés general. Entre ellos:

- *La calidad* de los programas, en cada uno de los géneros.
- *La diversidad y el pluralismo*, tanto regional como lingüístico, político, cultural y en materia de gustos.
- *La identidad cultural*, como expresión de la diversidad cultural creciente de las sociedades complejas o multiculturales.
- *La independencia* frente a los valores comerciales, potenciados por el mercado, la publicidad y el comercialismo consumista.
- *El bienestar de la infancia y la juventud*, ampliando, transformando y estimulando los horizontes de la infancia y juventud.
- *Los valores de la comunicación ciudadana*, en temas de libertad, justicia, igualdad, etc.

Un segundo escenario compuesto por ricas y variadas experiencias impulsadas por la sociedad civil son las iniciativas de radiotelevisión comunitaria, sin ánimo de lucro, desarrolladas en Europa e internacionalmente a partir de la década de los setenta. Estas experiencias están muy vinculadas al desarrollo de la comunicación local y a la participación ciudadana.

Las políticas de comunicación en España

El proceso de transición de un régimen autoritario a uno democrático es reciente en nuestra historia, y se inicia bien entrada la década de los setenta del siglo pasado, con la restauración de la democracia en 1978.

La primera ley de prensa, que sustituye a la promulgada durante Guerra Civil por el dictador Franco, es de 1966 (la ley Fraga) y es una política de comunicación claramente autoritaria, con una normativa restrictiva para la prensa, apoyada en la censura y en la suspensión de publicaciones. Los primeros diarios independientes comprometidos con la democracia, como *El País* de Madrid o *El Periódico* de Barcelona, se fundan en 1976 y 1978, respectivamente.

Durante los últimos 30 años de democracia, las diversas instancias de regulación y autorregulación en España se han mostrado incapaces de racionalizar y corregir los diversos y sucesivos desequilibrios manifestados en el sistema de medios de comunicación, caracterizados por:

1. La dinámica de fusiones empresariales en los medios —característica en el escenario internacional—, que erosiona la independencia y la pluralidad en el sector de la comunicación y la cultura.
2. El establecimiento de una verdadera competencia empresarial en el sector de los medios —a través de contenidos que atiendan a la calidad y a la diversidad en la oferta—, por ejemplo en la concesión de licencias en el sector audiovisual.
3. La falta de un impulso continuado y consistente en el sector público de la comunicación —en RTVE, por ejemplo—, para llevar a cabo una renovada misión de servicio público, al margen de los intereses gubernamentales establecidos por los diferentes gobiernos de turno.
4. La ausencia de unas políticas públicas de comunicación capaces de impulsar un programa renovador en el ámbito de derechos sociales y culturales para la ciudadanía, nacional e internacionalmente (por ejemplo, en los temas de cooperación internacional).
5. El establecimiento de una cultura de gestión «economicista» en el sector público de la comunicación, excesivamente dependiente del comercialismo y del mercado, por ejemplo en todo lo que se refiere al desarrollo de la nueva tecnología, en el impulso al desarrollo de la sociedad de la información y en la democratización avanzada de la red (internet y las tecnologías de la información y la comunicación, TIC).

En nuestra opinión, como proponemos en la próxima sección, es preciso superar la presente etapa, que por lo demás es característica de los ciclos alternos en cuanto al papel que las sociedades asignan a la mayor o menor intervención pública o privada. Creemos —basándonos en el optimismo de la razón— que la redefinición de los valores y los objetivos en torno a nuevas políticas públicas integradas, en el contexto del desarrollo de las sociedades, de su cohesión social y de la cooperación con el desarrollo, permitirán superar la anarquía desreguladora de las últimas décadas y el regreso de la política y la acción social, extendida también al marco de la cooperación para el desarrollo.

Las politicas integradas de comunicación para el Desarrollo y la Cooperación

Nuestro punto de llegada a las políticas de comunicación para el desarrollo integral de las sociedades y para la cooperación es que éstas deben estar impregnadas por los valores fundacionales que han dominado el interés general en la construcción del moderno Estado del Bienestar.

En la figura adjunta, los valores del interés general en el desarrollo de las sociedades y sus principales líneas de constitución pueden observarse esquemáticamente.

Por un lado, la libertad de expresión, el pluralismo, la participación social y la transparencia han sido constitutivos de la ciudadanía mejor informada y más comprometida y activa con la cooperación para el desarrollo. Y constituyen hoy todavía los mejores instrumentos para una gobernabilidad democrática, objetivo preferente de la cooperación y objetivo central para el desarrollo. El apoyo potencial de las políticas de la comunicación deberá centrarse, por ejemplo, en la transparencia y en la rendición de cuentas, o en la promoción del debate plural sobre la pobreza y en las formas de erradicarla, o en la inclusión informativa de las personas excluidas en la toma de decisiones políticas que afectan a su cotidianidad.

Si nos referimos, por ejemplo, a los objetivos para el desarrollo relacionados con la educación y la cultura —imprescindibles en todo proceso de cambio, que no se agota con la potenciación de la economía y la política—, los valores que han impulsado la responsabilidad social informativa, la participación pública y la expresión de la diversidad de las tendencias culturales, están hoy tan vigentes como ayer, cuando permitieron edificar las instituciones del servicio público en la radiotelevisión. En efecto, los valores de la calidad

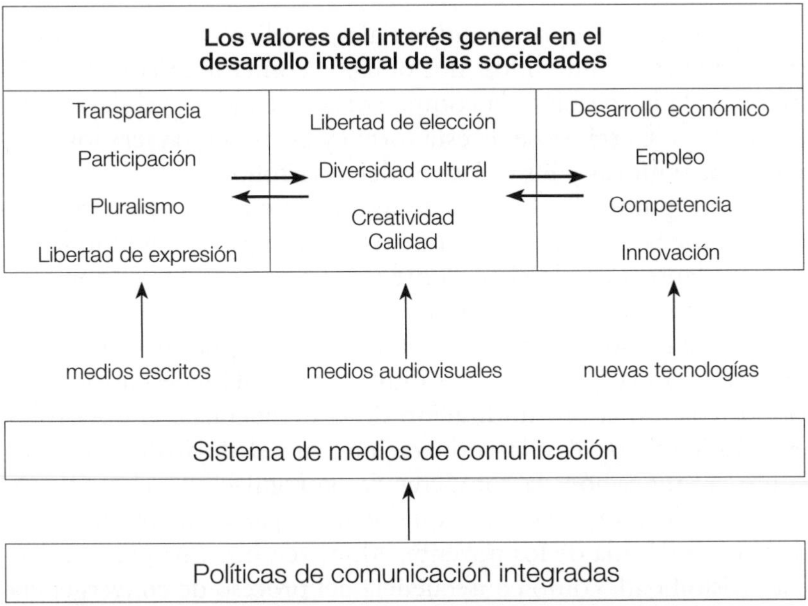

en la información y la cultura; la respuesta a nuevas demandas de creatividad en la educación, la cultura y el entretenimiento; la expresión y la dinamización de la diversidad artística, étnica, lingüística, y, por qué no, también la moral en el desarrollo; y, finalmente, la libertad de elección, participación y acceso, deben impregnar, como lo han hecho con anterioridad, las políticas para el desarrollo y la cooperación. ¿Es posible encontrar mejores referentes y espacios de comunicación para garantizar le educación fuera del aula, o potenciar el rol de la mujer en el desarrollo a través de la ficción, el documental o el entretenimiento? En el mismo sentido, el apoyo de la comunicación a los objetivos de los derechos humanos, la salud o el medioambiente, nos parece imprescindible.

Por último, en el contexto de las políticas de comunicación y sus valores, que estamos realizando de manera sumaria, uno de los elementos más novedosos reside en la incorporación de valores no contemplados hasta la aparición de las nuevas tecnologías de la información y la comunicación, proceso que genera una revolución comunicativa transformadora en la que una convergencia digital sin límites entre soportes industriales, medios de comunicación tradicionales y contenidos, nos obliga a contemplar como fundamentales la innovación, la competencia, el empleo y el desarrollo económico. Cerrándose de esta forma y en cierta manera los valores de las políticas y los objetivos del desarrollo.

Nuestro punto de vista puede resumirse en lo fundamental diciendo que la aparición de la nuevas tecnologías han tenido la virtud de plantear en el debate sobre el interés general y las políticas de comunicación aspectos hasta ahora ausentes y circunscritos al ámbito de la industria y el comercio. Y, por supuesto, vinculados desde ahora a las políticas de comunicación y al bienestar social de las sociedades, la profundización de la democracia, el desarrollo económico y social y la cooperación para el desarrollo. Valores como la innovación, la competencia (la regulación), el empleo y el desarrollo económico, aunque habían aparecido tímidamente durante la década de los noventa, adquieren hoy una gran presencia y visibilidad, como consecuencia del proceso de convergencia mencionado y la consideración de que la industria cultural y la nuevas tecnologías son los puentes de paso a la sociedad de la información.

Conclusiones

En consecuencia con lo expuesto hasta aquí, urge adoptar decisiones estratégicas en relación con el papel de los medios públicos y las políticas de comunicación para el desarrollo integral de las sociedades, así como para la cooperación. En el esquema propuesto en el apartado anterior se mencionan los valores centrales sobre los que se debe asentar esta nueva política, en la que se trasvasan aspectos y problemáticas hasta el momento compartimentados, y que deben ser considerados transversalmente.

El sector audiovisual y las nuevas tecnologías se perfilan como los escenarios más idóneos para la intervención pública y la cooperación. En efecto, el audiovisual y las emergentes nuevas pantallas (móviles e internet) van a ser los escenarios privilegiados para estas acciones.

Sin embargo, el retorno del Estado no permitirá actuaciones de la misma naturaleza (monopolio) como las realizadas en el anterior ciclo (1940-1970), previo a las políticas neoliberales (1980-2010). El mercado ha ocupado un lugar central, que deberá ser tenido en cuenta debido a su papel fundamental como agente de desarrollo económico, de innovación y empleo, así como por su capacidad para fortalecer o debilitar las políticas públicas.

En este sentido, el Estado deberá impulsar mecanismos sociales democráticos, realmente participativos y transparentes, de base consensual y no constrictiva (recomendaciones para el fomento y la eficacia, por ejemplo, etc.). Las intervenciones del Estado (regulación y recomendaciones) deberán asumir, por tanto, nuevas características para responder a los nuevos desafíos del desarrollo (sociedad de la información), la cooperación (Objetivos del Milenio, entre otros) y las nuevas redes de comunicación (acceso y participación en las TIC). La nueva ciudadanía comunicativa, apoyada en las TIC, aparece como uno de actores preferentes de la cooperación para el desarrollo y las nuevas políticas públicas integradas.

Los servicios públicos de nueva generación en comunicación y las reformas políticas «de segunda generación», deberán contribuir a producir cambios sustanciales en las actuaciones y la estructura de la comunicación del sector privado o comercial, en la actualidad fuertemente concentrado y poco preocupado por la responsabilidad social y las consecuencias del comercialismo de los medios.

Bibliografía

CIESPAL, *Políticas Nacionales de Comunicación*, Quito, Eds. Ciespal, 1981.

CONSEJO DE EUROPA, *Sueños e identidades*, Barcelona, Eds. Península, 1999.

LERNER, D. y SCHRAMM, W., *Communication and Change in the Developing Countries*, Honolulu, U. Press of Hawaii, 1972.

MURCIANO, M., *Estructura y dinámica de la comunicación internacional*, Barcelona, Ed. Bosch, 1992.

MURCIANO, M., «Las políticas ante los retos del próximo milenio, en revista *Zer*, Bilbao, Vol. 11, núm. 20, pp. 371-398.

PASQUALI, A., «18 Ensayos sobre comunicaciones», Caracas, Random House Mondadori, 2005.

SERVAES, J., «Approaches to Development», París, Unesco, 2003.

UNESCO, «Un solo mundo, voces múltiples, París, UNESCO, 1980.

IV.

Tres ideas y una reflexión sobre la comunicación como participación

María Pia Matta[1]

Voy a organizar mi reflexión en tres ideas. Con ellas quiero proponer un marco de valoración de la comunicación como un factor clave en la construcción de ciudadanías incluyentes en el contexto de la participación de los ciudadanos en la vida pública.

La comunicación y la valoración de la diversidad

Todos estamos de acuerdo en que el reconocimiento de la diversidad, junto a la lucha contra la desigualdad, es una pieza clave para la ampliación de la democracia. La comunicación participativa está relacionada con generar condiciones para la expresión en el sistema de medios de diferentes narrativas, diferentes modos de nombrar, que conviven en los márgenes de lo colectivo. Hacer practicable la articulación de diversidad de voces significa reconocer la heterogeneidad como un valor que articula el orden colectivo.

Para construir una cultura auténticamente democrática hay que dejar que la trama que adquiere la diferencia circule, haciendo posible la expresión de las diferencias de interés. Sólo así será posible una cultura que le asigne valor a la diversidad y resuelva la desigualdad. Esa es la función de la comunicación. Esto no implica hacer impracticable el consenso, ni legitimar la desigual-

---

1 Presidenta de la Asociación Mundial de Radios Comunitarias, América Latina y Caribe, AMARC ALC.

dad en nombre de la diversidad, implica reconocer la naturaleza conflictiva de las diferencias y su carácter irreductible. Implica el derecho de todos los actores sociales de acceder al espacio público que constituyen los medios de comunicación. Y plantea la necesidad de considerar el sistema de medios como un recurso necesario para la conformación de ciudadanías incluyentes. Como un elemento indispensable para el efectivo desempeño de los derechos civiles y políticos.

Valorar la comunicación como factor de integración social hace necesario una política pública que aborde el tema en el contexto de las relaciones de poder de las cuales los medios de comunicación son parte. El reto consiste en tener en cuenta que la democratización de los medios no es sólo una cuestión referida a los tipos de mensajes o la actividad cultural que producen, sino a las formas de hacer política, las características de los actores, la trama de acción social que promueven. En función de esto el rol de los sistemas de información y comunicación en las democracias modernas debe ser el desarrollo de «nuevas zonas de visibilidad pública», es decir, ampliar los temas sobre los que la ciudadanía delibera en función del bien común.

Cómo se configura un sistema de medios participativo

La valoración de la comunicación como factor de cohesión social nos lleva a la pregunta sobre cómo se configura un sistema de medios de comunicación participativo.

Debe ser un sistema que no reduce la libertad de expresión a la no interferencia del estado en la libre circulación de la información. También debe garantizar condiciones para el desarrollo de medios por parte de actores diferentes, que reflejen la composición de la comunidad política y la pluralidad que forma el universo temático de lo público.

¿Qué condiciones debe tener el sistema de medios para posibilitar el acceso y la participación ciudadana? No existen las recetas pero sería deseable un sistema que garantice la pluralidad de formas organizativas y de propiedad mediática, que incluyan desde las comerciales hasta las comunitarias, pasando por las locales y las ciudadanas.

Los gestores de políticas públicas deben pensar la comunicación como componente del desarrollo democrático, y garantizar la visibilidad y el reconocimiento político y cultural de sujetos, grupos y demandas sociales. Deben darse las condiciones para la participación equilibrada de estos sujetos, grupos y demandas en los circuitos de producción de la información, el conocimiento y la toma de decisiones. Para que esto sea posible se debe poner límites objetivos a la concentración de la propiedad de los medios, ya que una de sus consecuencias es la homogeneización de los contenidos, que tiene directa relación con la pérdida de los medios de comunicación como espacios de participación. Otra consecuencia es que deja a la deriva la función de control ciudadano de lo público que los medios deben cumplir.

Ahora bien, la sola normativa que regule actorías diversas en la gestión de medios no asegura la existencia de un sistema de medios participativo. También depende de prácticas de *exigibilidad* ciudadana, que amplíen el rol de la comunicación en la medida en que la reconocen como un bien público, con el cual interactuar en las dinámicas de poder que cada realidad política supone.

Los medios de comunicación deben ser un polo de la demanda de participación, ya que la interacción mediática es una condición indispensable para construir el rol deliberante de la ciudadanía e influir en la esfera pública. Hay que posibilitar la valoración de las comunicaciones por parte de los ciudadanos que aspiran a ver circulando sus demandas. Rompiendo la suerte de inercia que provoca un sistema de medios concentrados, que supone una lucha desigual por la visibilidad en la cual el poder de los medios no tiene contrapeso posible.

Para esto es fundamental estimular la compresión de la comunicación desde la trama de las experiencias ciudadanas, implicando a sus organizaciones en la disputa por el derecho a la comunicación en el contexto de la promoción de los derechos humanos.

La comunicación participativa y la generación de los consensos

La utilidad de un sistema comunicacional diversificado y participativo es que pone en relación actorías sociales diferentes que muchas veces están en disputa. Es decir, pone a disposición de los ciudadanos discursividades en competencia que salen de la neutralidad y se expresan. Otorga visibilidad al poder, visibiliza las diferencias de intereses como componentes de la vida social, que determinan la percepción de los actores sobre los roles y las transformaciones sociales, que se expresan indiscutiblemente con una carga de conflictividad.

Un sistema de medios participativo posibilita que la conflictividad tenga representación y los medios de comunicación no ejerzan un rol de control sino de mediación. Esto hace de la comunicación un elemento esencial para la generación de consensos que hagan posible la vida común.

En los sistemas concentrados la conflictividad es administrada por los medios de comunicación en relación con los intereses que les sustentan como proyectos ideológicos, provocando una crisis de la legitimidad de la diferencia. La comunicación participativa debe tener en cuenta la producción de sentido de los sujetos, las organizaciones y los movimientos, y no únicamente la de los medios de comunicación. Debe dotar a la sociedad de narrativas múltiples, que sean procesos, de reconocimiento y producción de legitimidad. Que otorguen sentido a la pertenencia a una comunidad política y circule la relación de derechos y deberes por lo cuales los sujetos se constituyen como ciudadanos y ciudadanas.

Las radios comunitarias han sostenido experiencias de comunicación participativa por más de 50 años. A continuación quisiera exponer algunos elementos que han transformado sus prácticas y que conforman nuevos desafíos para el modo en que se práctica la participación.

Tener voz. La experiencia de la radio comunitaria

La participación a través de los micrófonos desde el espacio local, la comunidad de interés, territorial o lingüística ha sido la marca que ha desarrollado la radio comunitaria en América Latina. Se trata de distintas experiencias que tienen en común la demanda de un tratamiento alterno y no subalterno a los temas que conforman lo ciudadano.

En conjunto las radios comunitarias dan forma a la demanda que los ciudadanos plantean a la comunicación: la incorporación de narrativas capaces de dotar de lugar, poner en escena, de construir identidad. En muchas de sus prácticas recogen los cuestionamientos no sólo a los temas que estructuran lo público, con sus dinámicas de exclusión, también a la falta de innovación en el desarrollo de nuevas formas de comunicar. Para valorar la radio comunitaria hay que superar una visión que la identifica con la expresión más reducida de lo comunitario.

Lo local / comunitario y la participación

Las radios han crecido con los cambios que han reconfigurado lo local en términos de participación. La democracia moderna necesita la especificad de lo local pero no como una cuestión «localizante» sino como una propiedad de lo ciudadano contemporáneo.

Desde esa reformulación lo local trae nuevos sentidos para la relación comunicación/participación, que tensionan la labor de las radios y del conjunto de los medios comunitarios. Uno de ellos se relaciona con la creación de un contexto comunicativo para la participación donde la clave es la acción en red, la creación de redes comunicacionales, entre radios, televisión, cine, vídeo, boletines y diarios. Estas redes no son sólo espacios de intercambio, son conformación de «territorios» donde los ciudadanos elaboran su experiencia colectiva para construir la trama de los derechos desde la dinámica de los intercambios comunicacionales. En sentido estricto este tipo de redes son zonas de construcción de nuevos espacios de acción política, que conforman áreas de deliberación que deben dotarse de voluntad de incidir.

Muchas de las prácticas que conforman el universo de la radio comunitaria dan cuenta de las demandas de nuevos espacios de participación, relacionadas con nuevos derechos.

La mayoría de las luchas políticas por ampliar la imagen del sujeto de derecho, incorporando nuevos modos de ser ciudadano, ciudadanía y género, ciudadanía rural, ciudadanía multicultural, ciudadanía ambiental, ciudadanía digital entre otras, están presentes en las experiencias de las radios comunitarias. Dar visibilidad desde la radio a nuevas identidades y demandas implica profundizar el rol de las comunicaciones como componentes de la práctica política. Esto significa promover la apropiación de los medios como instancias de participación por parte de actores sociales múltiples.

Estos desafíos sitúan a la radio frente a la necesidad de ser algo más que espacio de escenificación, suponen dejar que los modos de comunicar se transformen como se transforman las relaciones sociales. Así, la participación adquiere un cariz diferente a sólo el micrófono abierto. Supone construir nexo entro lo diverso para ampliar el registro de lo político. La radio hace posible procesos dialógicos que enriquecen la visión de los actores sociales sobre la realidad en la que están insertos y sobre sí mismos.

La comunicación comunitaria como componente democratizador del sistema de medios

En su desarrollo actual la radio comunitaria cuestiona el repliegue de la participación a lo local. Lo recoge como espacio de resignificación de lo comunicativo, a partir de formas de producción de sentido que la posesionen en la disputa política en todos los niveles de la vida social. Esto hace necesario que las radios se sitúen en el sistema de medios con toda su especificidad. Esa es la principal demanda de transformación que la comunicación comunitaria ha enfrentado en estos últimos veinte años. Porque significa disputar participación en la construcción del relato social, desde el rol que hoy tienen las comunicaciones en la construcción de lo público.

La pertenencia a lo local y a lo comunitario no pueden enajenar respecto al lugar que la radio y los medios comunitarios ocupan como parte del sistema de medios de comunicación. En función de lo cual deben crear espacios de relectura de los discursos hegemónicos y ser capaces de dar cuenta de la lógica de las comunicaciones como campos de disputa.

Por ejemplo en Chile, los medios de comunicación masivos designan «agenda valórica» al tratamiento público de temas morales, generalmente referidas a la moral sexual. Su sola referencia en el tratamiento comunicacional es el reconocimiento del despliegue del poder fáctico de la iglesia católica y de los sectores sociales asociados a ella. ¡Vaya paradoja! El enunciado supone que no hay valores en lo económico, en la seguridad, en la educación o la salud, y que lo valórico remite a un tipo de temas, que excluyen casi el 90% de la vida en sociedad. A ese discurso hay que crearle contrapuntos en el relato de lo colectivo para incidir en un debate público que sea de todos.

En ese contexto las radios experimentan con nuevas formulaciones de lo local/comunitario, transformando la manera clásica en que se entendía la participación como componente de los procesos comunicativos.

El desafío para la comunicación comunitaria es actuar como espacio de participación, sabiendo que las agendas de lo ciudadano están en disputa y no conforman necesariamente un patrimonio ideológico. Por lo tanto, nos movemos en un campo de incertidumbres, donde la visión transformadora de nuestros proyectos se basa en estar al servicio de la necesaria traducción de las dinámicas sociales.

Desatar el deseo de derechos

La reivindicación de ciudadanía como el reconocimiento de identidades diversas es eminentemente discursiva y está compuesta por una red de relaciones de naturaleza pública e intersubjetiva. Se compone de discursos que tienen en común formar un imaginario. Requieren por lo tanto de la comunicación como proceso de participación. Lo que implica reconocerla como derecho y aceptar lo ciudadano como algo nuevo, más allá de la relación entre sujetos y Estado.

Sin embargo, toda esta reflexión se enmarca en un esfuerzo mayor que tensiona nuestras prácticas. La necesidad de reformular la pregunta por la incidencia. No como una cuestión instrumental, sino íntimamente ligada a la especificidad comunicacional que nos enfrenta a la necesidad de desarmar los discursos hegemónicos desde otros discursos que están en constante elaboración. Basados en una permanente lectura de los contextos comunicacionales como significantes de las relaciones políticas en las cuales se desarrollan nuestras comunidades.

La comunicación como participación supone hacer emerger las preguntas que posibilitan los procesos de constitución del sujeto. Supone plantear preguntas a los individuos que les haga capaces de una interacción real, que los conforme como ciudadanos y ciudadanas, que les haga desear derechos.

Segunda Parte

Las políticas de comunicación para el desarrollo y la cooperación para el desarrollo

V.

Las políticas de comunicación en la cooperación para el desarrollo

Steffen Beitz[1]

Objetivos de Desarrollo del Milenio: clave de la comunicación para el desarrollo

Para erradicar la pobreza antes de 2015, 189 líderes mundiales convinieron en una promesa histórica, cuando, en la Cumbre del Milenio de las Naciones Unidas en el año 2000, acordaron cumplir los ocho Objetivos de Desarrollo del Milenio (ODM). Desde entonces, los ODM y la lucha global contra la pobreza se han vuelto una referencia clave de la cooperación para el desarrollo y de la comunicación para el desarrollo. Los ODM son considerados como los criterios más apropiados para medir y comunicar los resultados. Los mensajes de los ocho objetivos están claros, y pueden ser entendidos por todo el mundo: reducir la pobreza y el hambre; lograr la educación primaria universal; mejorar la salud materna e infantil; combatir el VIH/SIDA; facilitar el acceso a agua potable y saneamiento básico y proteger el medio ambiente. Por lo tanto, los ODM son un fundamento excelente para sensibilizar a la opinión pública y recabar apoyo político. Sin embargo, alcanzar los ODM es una tarea ambiciosa. Se han logrado progresos significativos, pero todavía queda mucho por hacer.

Todavía hoy, los países ricos enfrentan desafíos internos, sociales y económicos que exigen apoyo político y asignación de fondos. En este escenario ya complejo, y faltando apenas seis años para

[1] Coordinador de DevCom, la Red Informal de Comunicadores del Comité de Ayuda al Desarrollo (CAD).

llegar a 2015, el mundo ha sido golpeado por una grave crisis económica que reduce las perspectivas de crecimiento de cada país y amenaza su capacidad de contribuir o de progresar hacia los ODM. Al mismo tiempo, el comercio mundial está registrando su mayor deterioro desde 1929. Este contexto conlleva una presión sobre los balances nacionales y un fuerte desafío para el compromiso de los gobiernos hacia los más pobres del mundo.

Lucha contra la pobreza ¿en qué punto estamos?

Sin embargo, si miramos a los últimos datos, alcanzar los ODM no parece imposible. Los progresos han sido significativos: en 1981, 1,9 mil millones de personas —una de cada dos— en el mundo en vías de desarrollo vivían con menos de 1,25 dólares al día. En 2005, el número ha llegado a 1,4 mil millones de personas —una de cada cuatro—. Los progresos han sido particularmente impresionantes en Asia oriental, donde la pobreza ha pasado de casi el 80 por ciento en 1981 al 18 por ciento en 2005, a pesar de los fuertes desequilibrios que aún subsisten en China.

Sin embargo, la tasa de pobreza en el África subsahariana se mantiene al 50 por ciento en 2005, no inferior con respecto a 1981. El número de personas pobres se ha casi doblado —200 millones en 1981 frente a 380 millones en 2005. De mantenerse esta tendencia, en el año 2015 un tercio de los pobres de todo el mundo vivirá en África. Para el África subsahariana, la OCDE prevé un crecimiento del 2,4 por ciento en 2009, con una baja respecto al 6,7 por ciento inicial. Los testigos inocentes son las víctimas más afectadas por la crisis. Por consiguiente, el contexto de los compromisos de los ODM ha empeorado drásticamente.

Es verdad que el apoyo de la comunidad de los donantes para alcanzar los ODM continúa: las cifras de la Ayuda Oficial al Desarrollo (AOD) han alcanzado en 2008 los niveles más altos nunca registrados. El total neto de la AOD proveniente de los miembros CAD de la OCDE se ha incrementado del 10,2 por ciento en términos reales hasta 119,8 mil millones de USD (0,30 por ciento del Producto Nacional Bruto combinado).

Sin embargo, se ha reducido el valor en dólares de los compromisos, debido a la actual recesión económica. Para 2010 se plantea un incremento adicional del 11 por ciento del gasto de los donantes. A pesar de esto, algunos países donantes ya han cortado los gastos para el desarrollo, por el aumento de las presiones sobre los presupuestos nacionales. El aumento proporcional prometido de las ayudas por parte de los donantes está siendo cuestionado.

Según el Banco Mundial, el primer objetivo de reducir a la mitad la pobreza extrema para 2015 todavía se puede alcanzar. Pero la crisis económica está provocando un estado de emergencia en el desarrollo: para alcanzar los objetivos de 2015 sería necesario doblar el ritmo actual. Ello exigiría una voluntad política decidida, dependiente del apoyo de la opinión pública. ¿Esto es realista? ¿Los ODM serán uno de los «daños colaterales» de la crisis? ¿El declive económico mundial obstaculizará los progresos ya obtenidos hacia la consecución de los ODM? Si la política de desarrollo y la cooperación al desarrollo no consiguen alcanzar sus objetivos, ¿las ayudas perderán su credibilidad? Esto significa que los comunicadores deben reducir sus expectativas a partir de ahora, o por el contrario, este es el momento para invertir más en la lucha contra la pobreza, como una inversión política estratégica para movilizar nuevos recursos.

Parece que sólo un esfuerzo especial para enfrentar la crisis podrá asegurar que los objetivos para el desarrollo sean alcanzados. En este escenario, es crucial el papel de la comunicación para el desarrollo. Ahora es el momento de reformar la comunicación para adaptarla al contexto actual de la crisis.

¿Qué piensa la opinión pública?

En general, los ciudadanos en los países donantes expresan un fuerte apoyo hacia el principio de ayuda a los países pobres. En los últimos veinte años, la actitud de la opinión pública hacia las ayudas para el desarrollo en los países de la OCDE se ha mantenido positiva a lo largo de los altibajos económicos. El apoyo nunca ha caído por debajo del 70 por ciento, y hoy ha alcanzado el 90 por ciento en muchos países europeos. La única excepción son los EEUU, con un apoyo para el gasto público en cooperación al desarrollo inferior al 60 por ciento en promedio.[2]

Al mismo tiempo, hay un escaso conocimiento de la cooperación para el desarrollo actual. El paso de los proyectos al apoyo presupuestario, del papel dominante de los donantes a la responsabilización hacia el desarrollo de los gobiernos en los países receptores, sólo ha sido reconocido por los expertos que trabajan en el campo. Y sobre la implementación de las ayudas prevalece el escepticismo. Las mismas personas que apoyan la idea de gastar el dinero de los contribuyentes para ayudar a los países en vías de desarrollo, dudan fuertemente que esas sumas realmente lleguen a las personas pobres y cambien sus vidas.

El Departamento del Reino Unido para el Desarrollo Internacional (DFID) ha publicado en 2008 una investigación[3] que muestra la complejidad de la opinión pública en el Reino Unido, así como en otros lugares. Según el estudio, la opinión pública no es un grupo heterogéneo compuesto por una mayoría de partidarios y una minoría de detractores del desarrollo, sino que debe ser considerado como audiencias diferenciadas:

- —El 18 por ciento son «entusiastas activos»: están interesados en los niveles de pobreza en otros países y quieren más información.
- —El 21 por ciento pertenece a la «corriente interesada», que quiere saber si las ayudas marcan realmente la diferencia.
- —El 19 por ciento son los llamados «partidarios de la familia primero»: les interesa sobre todo su propia familia, pero muestran comprensión hacia la situación difícil de los demás.
- —El 13 por ciento son «individuos distraídos», más preocupados por sus propios problemas que por los de los demás.
- —El 17 por ciento pertenece a los «escépticos de mentalidad estrecha», que piensan que el dinero de los contribuyentes debe ser invertido en resolver los problemas en su propio país.

---

[2] Zimmerman, Robert, "The Fallout from the Financial Crisis (5): The End of Public Support for Development Aid?" in: *Policy Insights*, nº 87, OECD Development Centre.

[3] DFID, *Communication Matters. Our Communications Strategy*, 2008.

—El 12 por ciento son los que «rechazan y desaprueban»: piensan que la corrupción hace inútil las ayudas y quieren activamente que se reduzca el gasto en cooperación.

En su política de comunicación, DFID ha decidido focalizarse en tres grupos clave, en cuanto audiencias prioritarias partidarias que ya representan el 58 por ciento de la sociedad británica. Según el DFID, los «entusiastas activos» son potenciales partidarios, los de «la corriente interesada», son personas que quieren saber más y los «partidarios de la familia primero» necesitan ser animados. Estos segmentos no pueden ser considerados como fijos. Es necesaria una comunicación proactiva para mantener vivo su interés y apoyo, especialmente en tiempos de crisis.

¿Qué es la comunicación para el desarrollo?

La comunicación para el desarrollo es una inversión a largo plazo en el apoyo público y en la sensibilización sobre el desarrollo internacional. Es ampliamente entendido que el compromiso público garantiza el apoyo político y legislativo a las políticas para el desarrollo.

El significado de la comunicación para al desarrollo ha sido subrayado en las siguientes declaraciones de los gobiernos de países donantes y receptores:

—El párrafo 3 (iii) de la Declaración de París (2 de marzo de 2005) declara:

> «[...] Reafirmamos nuestro compromiso de acelerar el progreso en su aplicación [compromiso hecho en Roma en 2003], especialmente... intensificar la mutua responsabilidad de donantes y países socios hacia sus ciudadanos y parlamentos, en cuanto a sus políticas, estrategias y desempeño en materia de desarrollo».

— La nota a pie de página 4 del Programa de Acción de Accra (4 de septiembre de 2008) afirma:

«[...] También se prestará atención a mejorar y desarrollar comunicaciones sobre la eficacia de la ayuda para lograr éxitos de desarrollo a largo plazo y un amplio apoyo público.»

La comunicación para el desarrollo tiene diferentes áreas de trabajo:

—*Promoción,* para convencer y conseguir el apoyo de los responsables de la toma de decisiones (parlamentarios, sindicatos, iglesias).

—*Campañas,* volcarse hacia distintos públicos para animar a grupos específicos y pedir la acción.

—*Información,* para que los grupos claves aprendan más sobre qué, porqué y cómo.

—*Construcción de las conciencias,* para sensibilizar los grupos clave.

Mirando a la práctica en los países donantes de la OCDE, los principales grupos de la comunicación al desarrollo son: el público en general, especialmente jóvenes; parlamentarios y los actores del desarrollo, como las ONG. Los principales instrumentos de la comunicación al desarrollo son: internet, publicaciones impresas, medios de comunicación, campañas y encuestas de opinión pública.

El gasto promedio total para la promoción de la conciencia sobre el desarrollo va aumentando. Entre 2002 y 2007, se ha doblado de seis a doce millones de euros. En promedio, sólo el 0,3 por ciento de la AOD se gasta en la promoción de la conciencia sobre el desarrollo. Demostrar que la cooperación para el desarrollo funciona, y que las ayudas son eficaces si se comunican los resultados, se ha vuelto el foco de atención de la comunicación al desarrollo. En los últimos años, hemos visto progresos considerables en la comunicación de los resultados. He aquí algunos ejemplos:

—Francia ha establecido una base de datos con 58 indicadores cuantitativos que están incluidos en todos los proyectos, estrategias de sector y geográficas como base para un nuevo sistema de *reporting.*

—El nuevo *reporting* holandés sobre resultados del desarrollo no consiste en informes de las embajadas como en el pasado, sino que se basa en instrumentos de medición. El documento cubre no sólo el trabajo de los gobiernos, sino también el de ONG co-financiadas, sector privado, gobiernos regionales y socios internacionales como el Banco Mundial y la ONU.

—El informe de resultados de 2008 de Noruega se titula: «La ayuda noruega funciona, pero no lo suficiente». Se habla de y se explica el fracaso. Muestra cuáles son los resultados fáciles de medir y cuáles no lo son (por ejemplo la disponibilidad de agua potable *versus* promoción de un buen gobierno).[4]

¿Cuáles son los desafíos de la comunicación para el desarrollo?

1. Si se mira el trabajo de los medios de comunicación, como comunicados de prensa y otras publicaciones de ministerios y agencias públicas en los países OCDE, la comunicación para el desarrollo casi siempre equivale a datos y al dinero que se gasta. Más bien, debería ser comunicación sobre el impacto que la cooperación al desarrollo tiene sobre las personas pobres.
2. En este contexto, es fundamental relatar historias y usar un lenguaje que el público entienda. Una buena historia, humana, habla a los oyentes de manera tan racional como emocional. Estas historias deben venir del lugar donde han ocurrido en los países receptores y deben ser contadas a periodistas cualificados que saben cuáles son los ingredientes de una buena historia.
3. La comunicación para el desarrollo tiene una responsabilidad en contrarrestar clichés negativos y estereotipos. Especialmente la imagen negativa de África, un continente que se supone incapaz de desarrollarse por sí mismo, es el mayor desafío que hay que enfrentar aquí. El papel de la comunicación al desarrollo es mostrar los progresos económicos, políticos y sociales que los países en vías de desarrollo han conseguido, e ilustrar su potencial para más avances.

4 NORAD, (2008) Results Report, *Development assistance: no shortcuts to good results*.

4. Como en el caso de Noruega mencionado, por ejemplo, la comunicación al desarrollo debería hablar no sólo de los éxitos sino también de las dificultades y fracasos. Debería explicar por qué algo no ha funcionado y cómo la institución respectiva está aprendiendo de esa experiencia. Mostrar el cuadro completo significa dirigirse a una realidad que el público ya conoce. La opinión pública noruega ha demostrado apreciar mucho este enfoque realista, transparente y honesto.
5. Es plausible buscar el debate público abierto y dirigirse a la complejidad del desarrollo. Se necesita mucho más que las ayudas: sin reglas comerciales justas, coherencia política, la cooperación para el desarrollo sólo puede ser un parche frente a un orden mundial injusto. Si la comunicación al desarrollo no consigue hablar de estos temas, estaría cayendo en la trampa de pretender ser omnipotente y capaz de curar la pobreza sólo a través de las ayudas.
6. En este contexto, los debates críticos sobre el desarrollo deben ser bienvenidos y usados sin miedo como oportunidades para la comunicación (por ejemplo, el éxito y la resonancia pública del libro de Dambisa Moyo, *Dead Aid*).
7. El desarrollo es un tema marginal en la esfera del interés público. Por lo tanto, la comunicación al desarrollo debe mostrar su relevancia global, poniendo en relación el desarrollo con temas como el cambio climático, la migración, la paz/seguridad.
8. En tiempos de crisis económica, aumentar los presupuestos de las ayudas puede volverse impopular en los países donantes. Por esta razón, es de fundamental importancia que los gobiernos de esos países demuestren que la cooperación al desarrollo es un beneficio también para los ciudadanos de los países donantes. De ser así, los comunicadores tienen la oportunidad de ir más allá de los «conversos» y buscar argumentos para nuevos grupos clave.
9. La mayoría de los informes de evaluación sobre los resultados de los programas para el desarrollo son tan tecnócratas que no pueden ser usados con propósitos de comunicación. La necesidad de resultados comprensibles que puedan ser comunicados a un público más amplio exige mejor cooperación entre resul-

tados, directivos y comunicadores, así como entre países socios y donantes. Las necesidades de los comunicadores deben ser la base de cualquier esfuerzo de adquirir resultados sobre el desarrollo.

10. Las agencias y ministerios donantes deberían buscar un equilibrio entre ser visibles y mostrar el desarrollo como un esfuerzo conjunto de diferentes actores, guiado por los países receptores.
11. Según una encuesta no publicada del Centro de Desarrollo de la OCDE, sólo la mitad de los ministerios y agencias donantes tiene una estrategia de comunicación, y sólo un tercio tiene una política de evaluación sobre las actividades de comunicación. Es evidente la necesidad de una profesionalizacion aún mayor de la comunicación para el desarrollo.
12. Muchas veces los comunicadores no ocupan una posición fuerte en sus propias instituciones. Son mirados sólo como si estuvieran al servicio del directivo y del personal internamente, y para el público y los medios de comunicación externamente. El papel estratégico de la comunicación para una política de comunicación eficaz a veces se ignora, o no se implementa. Para una comunicación al desarrollo que sea lo más eficaz posible, los jefes de la comunicación deben formar parte de la dirección y tener acceso a los encuentros de los directivos.

VI.

Para pensar cómo la comunicación atraviesa la educación para el desarrollo

Javier Erro Sala y Teresa Burgui Jurío[1]

Se están dando los primeros pasos para superar la mirada instrumental de la comunicación que hasta hoy ha dominado el mundo de la cooperación internacional para el desarrollo en nuestro país. Entender que la comunicación es mucho más que un instrumento para captar recursos económicos y hacer promoción institucional, que los medios de comunicación de masas tienen mucho más de dispositivos culturales, que las Tecnologías de la Información y la Comunicación (TIC) nos remiten a otra cultura —la de la imagen—, a nuevas sensibilidades y formas de conocimiento, a nuevas formas de organizarse y participar, es el primer paso para comenzar a pensar, de una vez, el papel de la comunicación, en su sentido más amplio, cuando hablamos de desarrollo y de cooperación.

Va tomando cuerpo un nuevo debate —de gran alcance y complejidad— que se plantea retos hasta hace poco insospechados. Nos referimos a los esfuerzos para repensar los vínculos de fondo entre comunicar y educar para el desarrollo, y para reinventar las políticas públicas de comunicación en la cooperación internacional para el desarrollo.

En este sentido, la inclusión de la dimensión comunicativa en la «Estrategia de Educación para el Desarrollo de la Cooperación Española» podría suponer el inicio de una profunda transformación: la que puede llevarnos del reinado de una mirada instrumental

[1] Coordinador y responsable de relaciones institucionales, respectivamente, de la Fundación Mundubat en Navarra.

de la comunicación estrecha y agotada, que no ha sido capaz de generar una verdadera cultura de la solidaridad, a la legitimación institucional de una reflexión rigurosa sobre el peso de lo comunicativo aquí, hoy y ahora.

Desde el presupuesto de que la Educación para el Desarrollo debe servir de referente ético para todas las prácticas de todos los actores implicados en la cooperación (como señala la Estrategia), proponemos dar un paso más y destapar que existe un «espacio» en donde se producen los cruces entre comunicar y educar, y que dicho espacio constituye un «lugar estratégico» para actualizar y reinventar el campo de desarrollo y de la cooperación. Entonces salta a la luz la necesidad de ponernos a pensar cómo, por qué y con qué alcance, la comunicación atraviesa a la Educación para el Desarrollo. Sólo reinventándose desde la comunicación, la Educación para el Desarrollo puede construir un proyecto propio que fortalezca su estatuto, y que además pueda esgrimir como aportación decisiva en el urgente proceso de refundar el sistema de cooperación internacional para el desarrollo.

En definitiva, este texto buscar contribuir a la construcción de ese debate intentado identificar algunos de los desafíos sobre los que habrá que ir tejiendo el diálogo colectivo. Propone también algunos pasos, como la revisión de nuestra actual «mirada comunicativa» que otorga a los medios el papel de mero instrumento, o la centralidad de la escuela en la Educación para el Desarrollo, que remite más al pasado que al futuro y que da la espalda a una realidad ineludible: que hemos pasado de una sociedad con sistema educativo a una sociedad educativa. Proponemos, por último, revisar el modelo comunicativo desde el sentido de la «cultura audiovisual», una nueva cultura basada en la imagen, y una revisión del uso de las TIC, como dispositivos que transforman nuestro modo de percibir, de saber y de sentir.

Nos aventuramos también con algunas conclusiones que deseamos compartir con todas aquellas personas interesadas en el debate sobre la dimensión comunicativa del desarrollo.

A la comunicación, como conjunto de prácticas sociales desplegadas por los distintos agentes de cooperación y como ámbito de especulación científica, le está costando entrar en el campo de la cooperación internacional para el desarrollo de nuestro país. Es verdad que en los últimos años se ha prodigado la literatura sobre este tema, pero estamos lejos de contar con una reflexión concertada y sistemática en torno al papel de lo comunicativo cuando hablamos de desarrollo y de cooperación. Tampoco disponemos de un marco conceptual o de un instrumento institucional legitimado capaz de potenciar y canalizar el debate, en clave comunicativa, sobre las peculiaridades del sistema de cooperación, de las Organizaciones No Gubernamentales de Desarrollo (ONGD) y del sistema mediático. Ese vacío institucional permite que las investigaciones y reflexiones se consuman en el campo académico, sin conseguir materializarse en un diálogo colectivo ni encontrar terreno permeable en las discusiones internas y, sobre todo, en las prácticas sociales de los agentes implicados. Tal vez por eso atravesamos un momento confuso, de visible incoherencia. Las mismas instituciones que rechazan públicamente la idea instrumental de comunicación continúan aplicándola con riguroso celo profesional en sus prácticas comunicativas cotidianas, posiblemente sin percibir la contradicción. La mirada instrumental está tan enraizada en el actual modelo de cooperación que sin un debate concertado de fondo el «problema de la comunicación» continuará en un callejón sin salida.

En síntesis, podemos señalar la existencia de dos posturas. Por un lado una postura predominante que concibe de forma implícita, naturalizada, el papel de la comunicación en el campo de la cooperación internacional para el desarrollo desde una perspectiva instrumental y que lo identifica, sobre todo, con el uso promocional de los medios de comunicación de masas. Es la mirada que caló de forma temprana en las ONGD y en las administraciones públicas, y que se ha traspasado al resto de sectores e instituciones que se van incorporando a la cooperación.

Por el otro se percibe un cambio todavía incipiente pero esperanzador. Ese ronroneo especulativo que en los últimos años viene investigando y proclamando la riqueza y complejidad del papel de la comunicación en los procesos de desarrollo, parece que comienza a abrirse paso y a tomar forma en algunos esfuerzos institucionales. La puesta encima de la mesa de un debate en torno a la creación de políticas de comunicación aplicadas al desarrollo y a la cooperación y, sobre todo, la inserción de la dimensión comunicativa en la «Estrategia de Educación para el Desarrollo de la Cooperación Española», pueden suponer un salto cualitativo en este sentido.

Primera etapa: una visión de la comunicación como instrumento de promoción institucional y de captación de recursos

Lo primero que debe señalarse es que, a falta de marco institucional, la comunicación se coló de soslayo implícitamente en el campo de la cooperación internacional muy pronto. Desde temprana edad las ONGD españolas percibieron la importancia de la comunicación mediática para su desarrollo. Fue por la vía práctica, intuitiva, sin una reflexión de fondo, pero se asumió que «sin medios de comunicación no hay cooperación al desarrollo». Son muchos los autores que destacan como especificidad de las ONGD españolas que dispongan de un espacio mediático «extraordinariamente» amplio. Este hecho habría conformado a las ONGD como un modelo mediático de base económica y no de base social (Jiménez Lara, 2006: 67), que sustituye el «respaldo social» por el «eco social» (Gómez Gil, 2005:169). El sistema mediático habría contribuido entonces de forma decisiva a su legitimación social, pero habría marcado la cultura corporativa de las organizaciones (López Rey, 2001 y 2006). Los «medios» pondrían así el marco de acción en el que se desenvuelven las relaciones sociales de las ONG, hasta el punto de poner en peligro su identidad. Como sostiene García Inda (2002:70), «la conversión de las organizaciones sociales en sujetos de juego mediático condiciona o transforma inevitablemente la naturaleza de las mismas, su forma de ser o estar socialmente en el espacio público: su presencia como participación, que es a partir de entonces, también, una participación mediática». Hasta tal punto que este último autor llega a hablar de «la institucionalización de un modelo de solidaridad inspirada en la propia lógica de los medios de comunicación de masas», es decir, de un modelo de «solidaridad mediática».

El acercamiento de las administraciones públicas a la comunicación siguió la misma tónica. Dadas las peculiaridades de nuestro sistema de cooperación internacional para el desarrollo —de trayectoria tardía respecto al resto de Europa, de arquitectura débil, de concepción compleja (con el peso importante de la cooperación descentralizada), con un alto nivel de politización (vaivén de reformas y contrarreformas), y con un déficit de coordinación endémico—, optaron también por entender la comunicación como un instrumento para la promoción institucional y política que se ceñía, sobre todo, a la presencia mediática.

En definitiva se adoptó un enfoque instrumental, con vocación mediática, de efectos inicialmente explosivos —eclosión de las ONGD y de la figura de la cooperación internacional—, pero de corto recorrido y con graves consecuencias sociales. Como han mostrado los estudios de Sampedro, Jeréz y López Rey (2002), los «medios» convencionales tienen sus propias lógicas mediáticas en las que enmarcan y dan sentido a todos los mensajes que difunden. Por una parte se mueven por el principio de oportunidad, por la otra, desactivan los componentes de crítica estructural, o contraria al sistema, de todo lo que tocan.

Sucede además que el periodismo convencional de nuestro país también es muy peculiar. Estaríamos ante un «periodismo herido» que aumenta cada día su divorcio con la sociedad y se va alejando del cuidado de lo público (Pablos Coello, 2001), y de un «periodismo sin información», altamente politizado, que mezcla las funciones distintas de informar, valorar y opinar hasta confundir el ejercicio profesional con la defensa de las convicciones propias. Además se distingue de los países de nuestro entorno porque no se separa la «prensa» de calidad de la «amarilla» o sensacionalista (Ortega, 2006). Aquí mezclamos y confundimos las dos modalidades en un mismo medio, sin fronteras claras entre una y otra, hasta producir un efecto añadido de «trivialización» de los mensajes.

Si a todo esto se une que vivimos en un país donde el control social de lo medios resulta una quimera —baste señalar que en general carecemos de órganos profesionales con la autoridad y capacidad suficiente para sancionar con eficacia los abusos cometidos en el ejercicio de la profesión—, se puede concluir que la primera puerta por la que la comunicación entró al campo de la cooperación internacional da muestras inequívocas de haber conducido a un callejón sin salida. La postura instrumental no es capaz de dar cuenta del nuevo escenario, ni de la complejidad de la sociedad actual —tejida alrededor de la comunicación y el conocimiento—, ni el grado de complejidad que han alcanzado ya los procesos de cooperación. Se trata de un enfoque tan limitado que tampoco puede alumbrar la reflexión de fondo que necesitamos sobre el papel que corresponde cumplir hoy a la comunicación cuando hablamos de cooperación internacional para el desarrollo.

El nuevo debate en torno a las Políticas Públicas de Comunicación y la Estrategia de Educación para el Desarrollo

La cooperación internacional para el desarrollo en nuestro país ha dado dos grandes pasos, cualitativos y complementarios, que pueden contribuir decisivamente a llenar el vacío incompresible que existe sobre la comunicación.

En primer lugar destacamos la iniciativa de la *Fundación Carolina, Inter Press-Service (IPS)* y la *AECID* de reabrir el debate sobre las posibilidades y condiciones de diseñar políticas de comunicación.

Empresa de una gran complejidad y novedosa, movida por la certeza de que «sin comunicación no hay cooperación». Como nos recuerda Sierra (2005), las políticas públicas de comunicación viven en terrenos pluridisciplinares y fronterizos, de difíciles movimientos, porque ponen en juego muchas disciplinas: Ciencia Política, Estructura de la Información, Derecho, Comunicación y Desarrollo, Economía Política de la Comunicación, Cultura... Además, estamos obligados a comenzar reflexionando sobre el sentido que pueden y deben tener en la sociedad actual.

La complejidad viene de que son muchos, y muy distintos, los temas que saltan espontáneamente a la mesa: el carácter de la comunicación —como bien público o como mercancía—; el derecho a la comunicación, la democratización de las comunicaciones y el control social de los medios de comunicación:[2] el debate sobre el desarrollo; las vinculaciones —todavía tan inexploradas— entre comunicación y desarrollo; el modelo de cooperación internacional y las políticas de cooperación, el sistema institucional y las relaciones entre los distintos agentes; el imaginario social de la cooperación internacional y la imagen del Sur; los vínculos Norte-Sur; los desafíos de las Tecnologías de la Información y la Comunicación, etc. Pero también de la pluralidad de agentes, sectores profesionales y sociales —directos e indirectos—, a los que afecta. A pesar de ello, en el debate están surgiendo ya propuestas que nos parecen especialmente interesantes, como, entre otras, la contribución de Olga del Río para perfilar un esquema de líneas de acción.[3]

En segundo lugar destacamos la elaboración de la *Estrategia de Educación para el Desarrollo de la Cooperación Española*, en la que se materializa e institucionaliza la presencia e importancia de la dimensión comunicativa en la cooperación para el desarrollo.

En nuestra opinión no es baladí, o al menos no debiera serlo, que la comunicación llegue por fin a este campo a través de la Educación para el Desarrollo. Creemos que la entrada de lo comunicativo por la puerta de la educación puede marcar muy positivamente su posterior despliegue. Es éste el tema en el que queremos centrar nuestro texto.

Coherentemente con los objetivos que manifiesta y con el concepto de Educación para el Desarrollo del que parte —*Educación para la ciudadanía global*, la llamada «quinta generación»— , la *Estrategia de Educación para el Desarrollo de la Cooperación Española*, presta especial atención a todas las actividades que puedan realizarse a través de los medios de comunicación de masas (Internet, prensa, radio y televisión). «*Medios*» que coloca en la educación

---

2 Como sostiene Ariel Jerez (2008:42), la democratización de la comunicación se juega en los ámbitos de la reproducción cultural: los medios de comunicación, los sistemas educativos, las industrias culturales, y las políticas sociales y culturales.

3 Olga del Río, *Haciendo camino al andar: líneas de acción para políticas pública de comunicación para el desarrollo.* Taller «La construcción de políticas públicas de comunicación para el desarrollo». Madrid, 11 de febrero de 2009.

informal, sector desde el que desarrollan «una importante tarea de ED». Y concreta entonces las aportaciones de los «medios» (Ortega Carpio, 2007:23):

—En la sensibilización, informar de manera puntual y adecuada. Evitar «actuaciones negativas, sin incurrir en mensajes simples, engañosos, catastrofistas, etc.[4] y corrigiendo malas prácticas.»
—En incidencia política creando opinión.
—En investigación realizando programas especiales.
—En educación-formación (formal y no formal) complementando las actividades que ya hacen con otras acciones diseñadas con estrategias a medio y largo plazo para que se comprendan los problemas y sus orígenes.

Se reconoce explícitamente la pluralidad de agentes que intervienen en la Educación para el Desarrollo, tanto desde el campo de la cooperación como desde fuera de él, entre los que se cita los procedentes de la docencia, la investigación y la comunicación, a los que se atribuyen competencias directas e indirectas en el proceso educador de la sociedad en este tema. En consecuencia, se pide a los medios de comunicación —públicos y privados— que adopten en sus estatutos y códigos deontológicos los principios y valores de la Educación al Desarrollo, y se anuncian toda una serie de medidas para promocionar la formación de los profesionales de esos medios desde la academia hasta el ejercicio profesional. Además, la propia AECID se dotará de los instrumentos de Educación al Desarrollo y comunicación necesarios para desarrollar toda esta labor.

Trayectoria de un desembarco: primeros encuentros entre comunicar y educar para el desarrollo

Nuestra hipótesis es que estamos ante un primer paso que debe continuar con la creación de un debate de fondo en el que el

[4] Se hace aquí mención a las pautas comunicativas, publicidad y uso de imágenes de conducta de la CONGDE: http:/www.congde.org/codigo.htm.

análisis sobre los vínculos entre comunicar y educar cuando hablamos de desarrollo y de cooperación internacional adquiere un valor estratégico. Ahora bien, primero deberemos prestar atención al sentido con el que los procesos de comunicación se vienen incorporando a la Educación para el Desarrollo.

La comunicación desembarca en la educación formal («escuela») —y de ahí en la Educación para el Desarrollo— arrastrada por tres impulsos fundamentales:

—El descubrimiento de la complejidad de los procesos educativos con la irrupción de la educación informal y no formal y la puesta en crisis de la «escuela».

—El encontronazo de la educación con los medios de comunicación de masas (caricaturizada en la «batalla escuela-televisión»).

—La evolución hacia una Educación para el Desarrollo para la ciudadanía global, de mayor complejidad y asentada en la incidencia política y la movilización social.

Será a partir de las «crisis mundial de la educación»[5] cuando se descubre que el proceso de educación global es mucho más amplio, complejo y rico que la «escuela» (sector formal), cuando se destapa el poder creciente de los llamados sectores «no formal» e «informal». Precisamente es en ese último sector —el «informal»—[6] donde se coloca la acción de los medios de comunicación de masas.

---

[5] Crisis que sería sobre todo una crisis del modelo formal de educación, de la «escuela», como pusieron de manifiesto autores como Illich, Reimer, Goodman, Holt, y tantos otros (Trilla, 2003). Ferres (2000), citando a Postman, habla de tres grandes crisis en la historia de la educación en occidente. La primera en Grecia con la invención del alfabeto cuando Atenas pasó de una cultura oral a una escrita; la segunda en la Europa del siglo XVI con la aparición de la imprenta; la tercera actualmente con la revolución electrónica y la aparición de la televisión.

[6] Estaríamos ante casos de «educación informal» cuando «el proceso educativo acontece indiferenciada y subordiandamente a otros procesos sociales, cuando aquél está inmiscuido inseparablemente en otras realidades culturales, cuando no surge como algo distinto y predominante en el curso general de la acción en que transcurre tal proceso, cuando es inmanente a otro cometido, cuando carece de un contorno nítido, cuando tiene lugar de manera «difusa» (que es

Desde ese momento los medios de comunicación de masas —marcados ya por la cultura de la imagen, por el peso creciente de la televisión y la publicidad— comienzan a convertirse en un «problema educativo» para la «escuela». Y, por extensión, se erigen también en un desafío para los objetivos de la Educación para el Desarrollo. Incluso dentro de las ONGD la creación de departamentos dedicados a la comunicación, pero centrados en la promoción institucional y la captación de recursos, se convierte en una amenaza más para las siempre frágiles áreas de Educación para el Desarrollo (Erro y Ventura, 2002). Comienza una doble lucha entre «escuela» y «televisión», por un lado; entre captar recursos y educar a la sociedad para la solidaridad y el desarrollo, por el otro. La feroz competencia entre comunicación («medios») y educación («escuela») desconcierta todavía más a la «escuela» y desorienta también profundamente a la Educación para el Desarrollo. No podemos olvidar que la Educación para le Desarrollo sigue siendo deudora de la educación formal. Es además una batalla que tanto la *«escuela»* como las áreas de Educación para el Desarrollo en las ONGD van comprendiendo que tienen ya perdida.

La propia trayectoria de la Educación para el Desarrollo empuja también a cambiar de perspectiva. En este sentido, la estrategia que ahora se plantea desde la cooperación oficial parte de la idea de una Educación para el Desarrollo «para la ciudadanía global», de quinta generación, que define como el «proceso educativo (formal, no formal e informal) constante encaminado, a través de conocimientos, actitudes y valores, a promover una ciudadanía global generadora de una cultura de la solidaridad comprometida en la lucha contra la pobreza y la exclusión, así como con la promoción del desarrollo humano y sostenible» (Ortega Carpio, 2006:15).

otra denominación de la educación informal» (Trillas, 2003:26 y 27). Por «educación no formal» se entiende «el conjunto de procesos, medios e instituciones específica y diferenciadamente diseñados en función de explícitos objetivos de formación o de instrucción, que no están directamente dirigidos a la provisión de los grados propios del sistema educativo reglado» (Trillas, 2003:30).

Estamos entonces ante una visión del proceso integral educativo que incluye los tres sectores (formal, informal y no formal), que entiende lo educativo como una labor sociopolítica —gira en torno a la idea de justicia social—, que está llamada a sensibilizar, formar y concienciar, y que se despliega en cuatro dimensiones: sensibilización, educación—formación sobre el desarrollo, investigación para el desarrollo, e incidencia política y movilización social. Nos interesa destacar aquí dos cosas:

—Que se buscan cambios de fondo al pretender transformar el imaginario colectivo del Norte y criticar el modelo de desarrollo global imperante, desde la interacción de las cuatro dimensiones arriba mencionadas (Argibay y Celorio, 2005).

—Que se pone énfasis en la toma de decisiones políticas (incidencia política) y en las movilizaciones sociales, lo que exige la participación activa de los ciudadanos y ciudadanas, tanto en el Norte como en el Sur (Ortega Carpio, 2007).

Dos pretensiones que necesitan del concurso de la cultura de masas (Mesa, 2001:56) y, por tanto, de los medios de comunicación. De aquí que haya que entenderse, concertar con ellos, incorporarlos al trabajo educativo.

En resumen, estamos ante un arribo que tiene más de reacción defensiva que de reflexión de fondo. No es el fruto de haber entendido que la sociedad actual gira en torno a la imbricación entre los procesos de comunicación y de educación, sino el resultado de la necesidad que tiene el sector formal, la «escuela», de servirse de otros espacios para mantener los suyos.

La historia se repite cuando nos fijamos ya en la Educación para el Desarrollo. En este caso no es el producto de la revisión de las intersecciones entre los estilos de comunicar y educar de la cooperación para el desarrollo. El interés de la Educación para el Desarrollo por la comunicación surge cuando comprueba que no puede competir con el poder de los medios de comunicación a la hora de transmitir valores.

Desafíos de la Educación para el Desarrollo a la hora de comprender la comunicación

La inclusión oficial de la comunicación de manos de la *Estrategia de Educación para el Desarrollo de la Cooperación Española* supone, como ya hemos dicho, un salto cualitativo prometedor. Su gran aportación consiste en inaugurar un punto de partida institucional para abrir un debate analítico sobre la relación entre comunicación y educación, una labor urgente y apenas iniciada.[7]

Por eso la «Estrategia de Educación para el Desarrollo» atina de lleno cuando establece que los principios de la Educación para el Desarrollo, tal como la entiende, deben servir de «marco ético» de referencia para todos los actores de la cooperación para el desarrollo, y también para todos aquellos que sean competentes en educar para el desarrollo (instituciones docentes, medios de comunicación y empresas). Es un primer paso, pero tal vez insuficiente.

En nuestra opinión es necesario ir más allá. Planteamos que la relación entre comunicar y educar constituye un «lugar estratégico» desde el que es posible pensar los procesos de cooperación internacional para el desarrollo en su globalidad. Porque la comunicación, en su relación con la educación, articula los procesos de reflexión, adaptación y reinvención que el nuevo escenario global exige a este campo. Recordemos que en la «sociedad del conocimiento» la organización social se basa en el uso intensivo del conocimiento y de la cultura. Los ámbitos a través de las cuáles se producen y se distribuyen esos conocimientos y valores culturales —las instancias educativas y comunicativas— pasan a ocupar un lugar central en las

---

7 En los últimos años algunas investigaciones sobre comunicación y cooperación empezaron a hablar también de Educación para el Desarrollo. En un trabajo reciente Pagola (2009:16) sostiene la existencia de un modelo de una comunicación para la educación basado en la noción de eficacia cultural que sustenta en las aportaciones de Erro (2003) y Nos Aldas (2007). Intentaría abrirse paso un enfoque que propone superar los límites de la mirada instrumental para dar cuenta de toda la riqueza y complejidad del papel de la comunicación en los procesos de desarrollo, y que lo hace pensando en términos de educación y cultura.

estrategias de intervención social y política (Tedesco, 2000; Martín Barbero, 2003). Dicho de otro modo, la comunicación y la educación hace tiempo que dejaron de ser dos temáticas o dos instrumentos más y se transformaron en algo mucho más importante, en dos dimensiones articuladoras de lo social. Esto es totalmente aplicable a la cooperación internacional para el desarrollo.

Al igual que la «escuela», la Educación para el Desarrollo necesita ser reinventada, como les sucede a las instituciones que conforman el campo de la cooperación internacional para el desarrollo (comenzando por las ONGD), y también al conjunto del campo de la solidaridad internacional y la cooperación para el desarrollo. Necesitan, y pueden, reinventarse desde la comunicación.

Pero para comenzar a dar ese paso hay que ir pensando en soltar algunos lastres pesados, heredados de la «mirada instrumental» de la comunicación, en la que todos nos hemos educado. Esto supone:

—Revisar nuestra mirada comunicativa

La comunicación es mucho más que «medios», y los «medios» están llamados a ser mucho más que meros instrumentos de apoyo a la Educación para el Desarrollo. Comunicarse tiene un valor intrínseco, es mucho más que transmitir información. Comunicar supone también formar, educar, activar o desactivar valores sociales, sin que resulte fácil trazar fronteras fijas entre los distintos procesos.

Tampoco podemos subsumir a los «medios» en su papel de meros instrumentos, porque —como las Tecnologías de la Información y la Comunicación (TIC)— constituyen, sobre todo, dispositivos culturales.

Todas estas afirmaciones parecen obvias, forman parte de los tópicos del discurso público de la cooperación internacional para el desarrollo, pero siguen sin impregnar y orientar las políticas comunicativas y educativas de sus instituciones. Hay que repetir una vez más lo evidente: reducir la comunicación a los «medios» y éstos a meros instrumentos mutila de entrada todo debate posterior.

—Revisar la centralidad de la «escuela» en la Educación para el Desarrollo.

Se está produciendo una transformación estructural:

> «Estamos pasando de una sociedad con sistema educativo a una 'sociedad educativa', esto es, cuya red educativa lo atraviesa todo: el trabajo y el ocio, la oficina y el hogar, la salud y la vejez» (Martín Barbero, 2003:12).

Esto supone, entre otras cosas, que el «modelo escolar» de educación ya no es capaz de dar cuenta de ese nuevo escenario. Ha sido rebasado —espacial y temporalmente— por ideas y procesos sociales vinculados a «la sociedad-red», propios de la «era informacional» (Castells, 1998).

Habíamos confundido un elemento permanente y consustancial a toda sociedad, la «función educativa», con una de sus expresiones, una institución histórica, como es la «educación formal» («escuela»). De hecho, todavía encontramos dificultades para deslindar e intervenir en los otros dos sectores —«no formal» e «informal»— que cada día ganan más peso educativo. Ya no hay una tiempo, ni edad para «aprender» —el proceso de educación es permanente—, ni un espacio hegemónico —la «escuela»— porque se aprende en todo momento y en todo lugar (Internet). Vivimos una «diseminación del conocimiento» que emborrona las fronteras disciplinarias.

La educación, como la sociedad, se ha complejizado. Nos pide reparar en las realizaciones educativas que van más allá de lo formal para recuperar el mapa completo, con toda su riqueza y complejidad, del proceso educativo global. Se presenta como una realidad dispersa, heterogénea y multiforme que tiene que ver con la puesta en marcha de múltiples procesos que implican a su vez a distintas dimensiones e instituciones, y que se mueven en constante interacción. En comprender esas dinámicas, esas interacciones entre los distintos factores educativos, sus declives y sus potencias, reside la clave de todo proceso de educación. Y en esa labor la comunicación resulta decisiva.

La Educación para el Desarrollo no puede quedarse al margen de esta nueva realidad. Una Educación para el Desarrollo pensada desde la centralidad de la «escuela» nos remite más al pasado que al futuro. Tendrá entonces muchas dificultades para intervenir con eficacia en ese nuevo escenario que se presenta hoy radicalmente innovador.

—Revisar el modelo comunicativo desde el sentido de la «cultura audiovisual.»

Modificar su modelo comunicativo sería hoy el primer reto de la educación (Silva, 2005). La revolución tecnológica que vivimos está produciendo transformaciones transversales hasta hacer emerger un «*ecosistema comunicativo*», una nueva sensibilidad, una «nueva era de lo sensible» (Renaud, 1990). Es decir, estamos ante la irrupción de una auténtica nueva cultura, ante un nuevo paradigma de pensamiento sustentado en una nueva sensibilidad y en otros modos de producir saber. Una nueva cultura —basada en la imagen— que produce otros modos de saber desatendidos hasta ahora. Esa es la gran transformación: los cambios ocurridos en los modos de circulación y producción del saber. Merece la pena trasladar esta larga cita de Martín Barbero (2003: 80-81):

> «El 'lugar' de la cultura en la sociedad cambia cuando la mediación tecnológica de la comunicación deja de ser meramente instrumental para espesarse, densificarse y convertirse en estructural. Pues la tecnología remite hoy no a la novedad de unos aparatos sino a nuevos modos de 'percepción' y de 'lenguaje', a nuevas sensibilidades y escrituras. Radicalizando la experiencia de des-anclaje producida por la modernidad, la tecnología deslocaliza los saberes modificando tanto el estatuto cognitivo como institucional de las 'condiciones del saber', y conduciendo a un fuerte emborronamiento de las fronteras entre razón e imaginación, saber e información, naturaleza y artificio, arte y ciencia, saber experto y experiencia profana. Lo que la trama comunicativa de la revolución tecnológica introduce en nuestras sociedades no es pues tanto una cantidad inusitada de nuevas máquinas sino un nuevo modelo de relación entre los procesos simbólicos —que constituyen lo cultural— y las formas de producción y distribución de los bienes y servicios. La 'sociedad de la información' no es entonces sólo aquélla en la que la materia prima más costosa es el conocimiento sino también aquélla en la que el desarrollo económico, social y político, se hallan estrechamente ligados a la innovación, que es el nuevo nombre de la creatividad y de la invención.»

El reino de la imagen trae «nuevas figuras de la razón», porque ya no habría una sola racionalidad desde la que podamos pensar todas las dimensiones de los cambios civilizatorios actuales. Acostumbrados como estamos a reducir la «cultura» al libro, la «razón», la abstracción y la contemplación, lo que nos cuesta asumir es el «nuevo estatuto cognitivo de la imagen», punto de referencia que nos remite a lo sensible y a la participación abierta, sin el cual no es posible entender la complejidad de nuestra sociedad (Ferres, 2008).

> Ese «nuevo paradigma de pensamiento» que rehace las relaciones entre el orden de lo discursivo (la lógica) y de lo visible (la forma), de la inteligibilidad. El nuevo estatuto cognitivo de la imagen» (Martín Barbero 2003:91-92).

Lo que estaríamos viviendo sería el ensanchamiento de los modos de sentir y de pensar, así como la articulación entre lógica e intuición, algo que nos cambia de raíz la cultura educativa. Según este autor, educar ya sólo tendría sentido si entendemos la educación como lugar de «entrecruce», siempre que se convierta en el espacio de conversación de los saberes y las narrativas que configuran las oralidades, las literalidades y las visualidades, desde los mestizajes entre ellas.

La Educación para el Desarrollo debe superar también la centralidad de la «cultura libresca» y abrirse a la «nueva libertad» de la cultura de la imagen, es decir, a la comunicación.

—Revisar nuestra interpretación de las TIC.

Como hace con los medios de comunicación, la cultura instrumental tiende, en su simplismo, a reducir la función de las TIC a instrumentos. Pero eso que llamamos «TIC» no está conformado sólo por nuevas máquinas o medios, sino por nuevos lenguajes, escrituras y saberes, por la hegemonía de la experiencia audiovisual y la reintegración de la imagen al campo del saber, de la producción de conocimientos. Esta visión replantea la idea de cultura con la que la escuela trabaja para dar entrada a las tecnologías «tanto en cuanto dispositivos de productividad como de transformación de los modos de percibir, de saber y de sentir. Lo que implica incorporar las nuevas tecnologías de comunicación e información como «tecnologías intelectuales» (Lévy, 1993), esto es, como «estrategias de conocimiento» y no como meros instrumentos de ilustración o difusión» (Martín Barbero, 2003: 68). A la escuela le correspondería pensar y asumir no sólo los efectos culturales de las TIC, sino sobre todo sus dimensiones culturales. Hay que vacunarse contra el uso instrumental de los medios o las tecnologías.

De acuerdo con este autor las TIC se utilizarían poco y habitualmente fuera de la cultura educativa. Colocadas así, en el exterior del modelo pedagógico y comunicativo (como instrumento auxiliar o fetiche modernizador), no pueden contribuir a cambiar las estructuras o metodologías ni las prácticas de aprendizaje. Por eso cada día se dispara más la brecha entre la sensibilidad y la cultura desde la que pretende educar y aquella otra desde la que se aprende. Ese sería el «drama de la escuela». El sistema educativo tendría que dar el salto de concebir las TIC como meros instrumentos a asumir la tecnicidad mediática como dimensión estratégica de la cultura. Entonces la escuela se insertaría en el marco de las nuevas figuras y campos de experiencia en los que hoy se educa. Pero la escuela, anclada en la confusión entre iletrado e inculto, se muestra incapaz de ver y asumir «otra cultura».

Tenemos entonces que darle vueltas a la idea de TIC que late detrás de nuestras formulaciones y prácticas sociales de Educación para el Desarrollo, para descubrir por qué es tan importante la «tecnología».

A modo de conclusión

En primer lugar hay que destacar el trasfondo que pueden tener dos hechos recientes: en primer lugar la presencia institucional de la comunicación en la cooperación desde la «Estrategia de Educación para el Desarrollo de la Cooperación Española», en segundo la realización el pasado 11 de febrero, en la sede de la AECID, de un taller, dedicado a «La construcción de políticas públicas de comunicación para el desarrollo», organizado por la Fundación Carolina en colaboración con la Agencia de Noticias Inter Press Service, y en el que participaron más de cuarenta expertos en la materia, procedentes de distintos ámbitos —administración, ONGD, universidad, asociaciones profesionales y medios de comunicación—. A esto se añade la organización desde hace dos años, en Gijón, del Encuentro Internacional TIC para la Cooperación al Desarrollo, también con la colaboración de la AECID.

Estos hechos —importantes en sí mismos— deben enmarcarse en un contexto más amplio. Hemos visto que la escuela coloca a las TIC y a la cultura audiovisual por fuera del proceso pedagógico, sólo como instrumentos auxiliares, lo que le impide transformar así su modelo comunicativo y le genera muchos problemas con sus públicos, especialmente los jóvenes. La Educación para el Desarrollo cae en un error parecido: piensa la comunicación por fuera del propio proceso educativo. Lejos de que la comunicación suponga entonces un revulsivo para que la Educación para el Desarrollo se reinvente, se refuerza, paradójicamente, la perversa lectura instrumental que concibe a los medios de comunicación y a las TIC sólo como instrumentos.

Problema que se repite también cuando se vincula a la comunicación con la idea de desarrollo. Lejos de entender que la comunicación se asienta en la esencia misma del desarrollo (Martínez-Gómez, 2008:19) se la reduce a los «*medios*» y se la expulsa así al exterior del propio proceso de desarrollo. Por eso se acaba reduciendo la comunicación a las tareas de divulgar, promocionarse e instruir, y se disocian de sus vinculaciones con el diálogo, la pedagogía, la participación y la cultura democrática (Alfaro, 2006). En la visión instrumental —dominante en los actores de la cooperación internacional, comenzando por las ONGD—, la comunicación va por fuera del proceso de desarrollo, paralelamente, sin tocarlo nunca, sin transformarlo. Desde esa posición la comunicación no puede convertirse nunca en eje, mientras discurra por el exterior del proceso educador y, en consecuencia, del proceso mismo que genera desarrollo, porque no atraviesa esos ámbitos, sólo los «acompaña». Por lo tanto, con estos presupuestos, se hace muy difícil realizar una lectura correcta de la complejidad del nuevo escenario —la «sociedad del conocimiento, de la información, y de la cultura audiovisual»— y, por tanto, plantear políticas de comunicación en cooperación que resulten eficaces.

La entrada «oficial» a la cooperación de la comunicación a través de la Educación para el Desarrollo supone un avance cualitativo porque aporta un punto de partida institucional para abrir el debate de fondo, el que debe ir diciéndonos qué supone que la comunicación atraviese radicalmente los procesos de educación y de generación de formas de desarrollo. Por eso la «Estrategia de Educación para el Desarrollo» da un gran paso al establecer los principios de la Educación para el Desarrollo como «marco ético» de referencia para todos los actores —internos o externos— que tienen competencias en la cooperación para el desarrollo.

Pero, a nuestro juicio, para que ese primer paso no se debilite ante la fuerza corrosiva de la inercia instrumental, debe construirse un debate —creando algún tipo de mecanismo, tal vez un foro permanente— que indague en la potencialidad de la relación entre comunicar y educar como «lugar estratégico» desde el que es posible pensar los procesos de cooperación internacional para el desarrollo en su globalidad.

Porque la comunicación —vista desde la educación y la cultura—, se encarga de articular esos procesos de reflexión, adaptación y reinvención que las nuevas sensibilidades y racionalidades que potencia la cultura audiovisual introducen en el nuevo escenario global.

En definitiva, creemos que si la Educación para el Desarrollo se abre y se deja atravesar por lo comunicativo —sin miedos ni cierres disciplinarios—, además de reinventarse y de convertirse en «referente ético», se descubrirá a sí misma como «lugar estratégico». Que reinventándose desde la comunicación puede construir un proyecto transformador propio, capaz de fortalecer su siempre frágil estatuto y, además, contribuir con aportaciones decisivas al urgente proceso de refundar el campo de la solidaridad internacional y de la cooperación para el desarrollo.

Bibliografía

ALFARO, Rosa María (2006): *Otra brújula. Innovaciones en Comunicación y Desarrollo.* Calandria, Perú.

ARGIBAY, Miguel y CELORIO, Gemma (2005): *La Educación para el Desarrollo,* Hegoa, Vitoria, p.51.

BURGUI JURÍO, Teresa. (2008): *La comunicación en la educación para el desarrollo de la quinta generación.* XARIT (Enero 2008). Coordinadora de ONGD de Navarra. Pamplona.

CASTELLS, Manuel (1998): *La era de la información,* vol. I., Alianza, Madrid.

ERRO, Javier y VENTURA, Javier (2002): *Investigación: El trabajo de comunicación de las ONGD en el País Vasco.* Hegoa (EHU-UPV), Bilbao.

ERRO, Javier (2003): «ONGD: ¿comunicarse por qué y para qué? El paso de la comunicación mercadeada a la comunicación social educativa», en BENET, V.J. y NOS ALDAS, E. (eds.) (2003): *La publicidad en el Tercer Sector. Tendencias y perspectivas de la comunicación solidaria.* Icaria, Barcelona, 53-81.

FERRES, Joan (2000): *Educar en una cultura del espectáculo,* Paidós, Barcelona.

_(2008): *La educación como industria del deseo. Un nuevo estilo comunicativo.* Gedisa, Barcelona.

JEREZ, Ariel, SAMPEDRO, Víctor, y LÓPEZ REY, José (2008): *Del 0,7% a la desobediencia civil. Política e información del movimiento y las ONG de Desarrollo (1994-2000).* CIS. Madrid.

GARCÍA INDA, Ángel (2002): «Como mirando a través del ojo de una cerradura», en NIETO, Luis (Coord.), *La ética de las ONGD y la lógica mercantil,* Icaria, Barcelona, Pp. 59-88.

GÓMEZ GIL, Carlos (2005): *Las ONG en España, de la apariencia a la realidad,* Catarata, Madrid.

JEREZ, Ariel (2008): «Modelos de comunicación para la construcción de la ciudadanía. Educación, comunicación y sociedad civil», en MARTÍNEZ-GÓMEZ, Raquel y LUBETKIN, Mario (eds.): *Comunicación y desarrollo: en busca de la coherencia,* Fundación Carolina-Siglo XXI, Madrid, pp. 27-50.

JIMÉNEZ LARA, Antonio (2006): «El mosaico no lucrativo», en RUIZ OLABUÉNAGA, José I.: *El sector no lucrativo en España. Una visión reciente.* BBV. Madrid. Pp. 27-84.

LÉVY, P. (1993): *As tecnologías da intelogencia,* Editora 34, San Pablo.

LÓPEZ REY, José A. (2006): «Los medios de comunicación y ONGDS: La conformación de una nueva cultura corporativa en el sector solidario», en *Comunicación y sociedad civil, Documentación Social,* 140, enero-marco, pp.39 a 56.

_(2001): *Solidaridad y mercado,* Netbiblo, A Coruña.

MARTÍN-BARBERO, Jesús (2003): *La educación desde la comunicación,* Norma, Bogotá.

MARTÍNEZ-GÓMEZ, Raquel y LUBETKIN, Mario (eds.): *Comunicación y desarrollo: en busca de la coherencia,* Fundación Carolina-Siglo XXI, Madrid.

MESA, Manuela (2001): «La educación para el desarrollo: evolución y perspectivas actuales», en MONCLÚS ESTELLA, ANTONIO (Coord.) (2001): *Educación para el Desarrollo y Cooperación Internacional.* E. Complutense / Unicef, Madrid.

NOS ALDAS, Eloísa (2007): *Lenguaje publicitario y discursos solidarios. Eficacia publicitaria, ¿eficacia cultural?* Icaria, Barcelona.

ORTEGA, Félix (coord.): *Periodismo sin información,* Tecnos, Madrid.

ORTEGA CARPIO, María Luz (2007): *Estrategia de Educación para el Desarrollo de la Cooperación Española,* Ministerio de Asuntos Exteriores y de Cooperación, Madrid.

_(2006): «Construyendo una ciudadanía global. Borrador para el Balance de 1996-2006». *III Congreso de Educación para el Desarrollo,* Hegoa, Vitoria-Gasteiz.

Pablos Coello, José Manuel de (2001): *El periodismo herido,* FOCA, Madrid.

Pagola, Juan (2009): *Comunicación para el desarrollo: la responsabilidad en la publicidad de las ONGD,* Diputación Foral de Guipúzcoa, San Sebastián.

Renaud, A. (1995): «L'image: de l'économie informationelle á la pensée visuelle», en *Reseaux,* nº74, París.

Sampedro, Víctor; Jerez, Ariel; López Rey, José (2002): «ONG, Medios de comunicación y visibilidad pública. La ciudadanía ante la mediatización de los mensajes sociales», en Revilla Blanco, Marisa (ed.) (2002): *Las ONG y la política.* Itsmo, Madrid, Pp. 251-285.

Sierra, Francisco (2005): *Políticas de comunicación y educación. Crítica y desarrollo de la sociedad del conocimiento»,* Gedisa, Barcelona.

Silva, Marco (2005): *Educación interactiva. Enseñanza y aprendizaje presencial y on-line.* Gedisa, Barcelona.

Tedesco, Juan Carlos (2005): *Educar en la sociedad del conocimiento,* FCE, Buenos Aires.

Trillas, J. (2003): *La educación fuera de la escuela. Ámbitos no formales y educación social.* Ariel. Barcelona.

VII.

Ideas para enlazar la comunicación con la Estrategia de Educación para el Desarrollo

María Luz Ortega Carpio[1]

La Educación para el Desarrollo y la Comunicación para el Desarrollo

En un contexto de globalización como el que vivimos, la Educación para el Desarrollo emerge como un ámbito estratégico de la política de cooperación española. Se trata de sensibilizar, formar y concienciar a la ciudadanía en una orientación concreta que es la de la ciudadanía global.

Por otra parte, la Comunicación para el Desarrollo promueve de forma complementaria y coincidente el mismo fin. Así, tomando una definición dada por la FAO podemos definir la Comunicación para el Desarrollo como:

> «...la utilización de manera planeada y organizada de las técnicas y medios de comunicación (mediáticos y no mediáticos) para promover el desarrollo, a través de un cambio de actitud y/o de comportamiento, difundiendo la información necesaria y suscitando la participación activa y consciente de todos los protagonistas, incluidos beneficiarios del proceso.»[2]

---

1 Actualmente asesora a la AECID en Educación para el Desarrollo.
[La Educación para el Desarrollo como proceso educativo está ligada a la construcción de una ciudadanía global. En esta intervención se muestra el concepto y espacios que abarca la Educación para el Desarrollo haciendo un espacial énfasis en los retos que vienen establecidos en el III Plan Director de la Cooperación Española y que desde la Agencia Española de Cooperación Internacional para el Desarrollo (AECID) se pondrán en el ámbito de la Educación Formal.]

2 Del Río Sánchez, Olga (16-12-2008).«Planificación estratégica de la comunicación en los programas de Desarrollo. Una propuesta de incorporación a la

Unidos por el fin, el proceso transformador capaz de promover el Desarrollo, la Educación para el Desarrollo y la Comunicación para el Desarrollo han estado tradicionalmente separadas.

Esta separación se produce cuando en vez de centrarnos en el objetivo dedicamos nuestros esfuerzos en discutir los *pro* y los *contra* de los instrumentos: la escuela o los medios de comunicación, corriendo así el riesgo de olvidarnos del fin, generación de ciudadanía constructora del desarrollo. En este seminario hemos caído en este error, se ha debatido mucho sobre los medios de comunicación y poco de los comunicadores.

Mi intervención no quiere poner el énfasis en el medio sino en los actores, comunicadores y educadores, creo que es el punto de partida para ver desde la Estrategia de Educación para el Desarrollo aspectos que permitan enlazar la Comunicación para el Desarrollo con la Estrategia de ED.

En mi intervención trataré de establecer cómo pueden ambos ámbitos apoyarse y fortalecerse.

Una ciudadanía global corresponsable en la lucha contra la pobreza y la exclusión

El III Plan Director de la Cooperación Española apuesta por una Educación para el Desarrollo, bajo el enfoque de la ciudadanía global, concebida como:

> «Proceso educativo (formal, no formal e informal) constante encaminado, a través de conocimientos, actitudes y valores, a promover una ciudadanía global generadora de una cultura de la solidaridad comprometida en la lucha contra la pobreza y la exclusión así como con la promoción del desarrollo humano y sostenible» (DGPOLDE, 2009).

Matriz de Marco Lógico», FISEC-Estrategias -Facultad de Ciencias Sociales de la Universidad Nacional de Lomas de Zamora, (URL del Documento : http://www.cienciared.com.ar/ra/doc.php?n=436 consulta realizada el 29/01/2009).

Este planteamiento trata de:

- Facilitar una comprensión crítica del modelo de globalización que permita reafirmar el vínculo entre el desarrollo, la justicia y la equidad; que promueva una conciencia de ciudadanía global ligada al tema de la corresponsabilidad y orientada a la implicación y a la acción local y global.
- Concienciar a la sociedad en que la erradicación de la pobreza y la exclusión así como el compromiso por la promoción del desarrollo de los pueblos exige un cambio en las políticas y los modelos de desarrollo del llamado primer mundo, lo que sólo es posible si se implica a toda la ciudadanía y de esta manera.
- Favorecer que la ciudadanía pueda responder a los retos del proceso de globalización en coherencia con el enfoque de los derechos humanos, de la promoción de las capacidades humanas y la ayuda inclusiva.

Esta orientación busca contribuir a la toma de conciencia sobre la corresponsabilidad del conjunto de la ciudadanía mundial en la erradicación de la pobreza y la consecución de un desarrollo humano y sostenible, y para ello es necesaria la información, formación y la promoción del compromiso ciudadano en la construcción de una sociedad global y comprometida de una forma continuada.

Estos objetivos entroncan con la Comunicación para el Desarrollo (CD) en la medida en que ésta contribuye, mediante la difusión de valores e informaciones, a que aprendamos a relacionarnos de forma más coherente con el mundo y el resto de la ciudadanía mundial.

La lucha contra la pobreza se transforma así no en un gesto solidario sino en un imperativo ético y moral. La información y el conocimiento de la realidad del Sur a través de la comunicación transforman nuestro modo de ser. Nos educa.

Construcción de ciudadanía global en los espacios formales, no formales e informales

La ED acontece en tres espacios claramente diferenciados:

Educación formal: Proceso educativo desarrollado en instituciones educativas que han sido reconocidas oficialmente para impartir el currículo regulado por la Administración educativa, y que da acceso a titulaciones o certificaciones oficiales reconocidas y homologadas.

Educación no formal. Proceso educativo específicamente diseñado en función de objetivos explícitos de formación o de instrucción. No están directamente dirigidos a la provisión de los grados propios del sistema educativo reglado (Congde, 2004:22). Aunque se trate de una ED no institucionalizada, está organizada, estructurada y diseñada para grupos objetivos identificables.

Educación informal. Ésta se produce fuera del marco de la educación formal y la educación no formal, como hecho social no determinado de manera intencional. Es un proceso de aprendizaje continuo y espontáneo que duplica el campo de acción de los ámbitos formal y no formal. La educación informal, a diferencia de las anteriores, no se realiza desde una clave pedagógica, pero educa; los aprendizajes están determinados por situaciones cotidianas del contacto social, que en su mayoría no son organizados o administrados por una estrategia educativa determinada: son experiencias que se dan en espacios distintos a aquellos en los que se produce la educación habitual. Dentro de este ámbito se recogen todas las actividades realizadas a través de los medios masivos de comunicación (internet, prensa, radio, televisión).

La Comunicación para el Desarrollo pone el énfasis en la difusión de información para suscitar la participación activa de todos los protagonistas, incluidos beneficiarios, en el proceso de desarrollo. Podemos considerar, de manera equivocada a mi juicio, que la CD tiene su ámbito natural en los espacios informales, pero también nutre de medios e instrumentos de una enorme calidad y fuerza (cortometrajes, programas de radio, artículos de opinión en prensa) a los actores que desarrollan acciones en los espacios formales y no formales para la acción de transformación de actitudes y difusión de conocimiento. Estos instrumentos son utilizados por el educador en su tarea transformadora pero requiere de un buen material de partida. Igualmente, si el comunicador no es consciente del impacto que más allá del instrumento en sí podrá tener, se desperdiciará buena parte del efecto. No habrá comunicación para el desarrollo si no se educa; no habrá educación para el desarrollo si no comunicamos. En definitiva, tanto en un caso como en otro, si no transformamos. Así, en la AECID la producción de material audiovisual tiene que ir acompañada de un plan de utilización en los espacios formales y no formales.

Contenidos de la Educación para el Desarrollo bajo la perspectiva de una ciudadanía global

Se considera prioritario luchar contra la pobreza, pero cuando a la ciudadanía se le pregunta qué, no sabe responder. El último barómetro de Opinión de la Fundación Carolina muestra un apoyo masivo a la cooperación, pero es un apoyo superficial en el sentido de que la gente no sabe muy bien qué es lo que está apoyando. Es necesario dotar de contenido el discurso. La estrategia de ED facilitará que la población vaya adquiriendo mayor conocimiento gradualmente.

Los medios de comunicación contribuyen a la tarea de Educación para el Desarrollo en el ámbito de la sensibilización cuando informan de manera puntual y adecuada, y evitan actuaciones negativas: no incurriendo en mensajes simples, engañosos, catastrofistas, etc., y corrigiendo malas prácticas; en incidencia política: creando opinión; en investigación: mediante la realización de programas especiales; en la dimensión de educación= formación (formal y no formal), las acciones realizadas a través de estos soportes pueden complementar la acción llevada a cabo por la educación formal y no formal, a través de actividades diseñadas, pensadas y por tanto programadas en una estrategia de medio y largo plazo que tenga como objetivo ayudar a comprender los problemas y sus orígenes, en lugar de limitarse a dar cuenta de un problema concreto en un momento determinado.

El desarrollo como un imperativo ético en la comunicación para el Desarrollo

El desarrollo supone conocimiento pero también principios: solidaridad, justicia, equidad. Estos principios deben impregnar nuestro discurso, nuestra manera de hacer.

Realización de un código ético de comunicación.

La experiencia de la ED puso límites a los mensajes e imágenes a propósito del Tercer Mundo. Este esfuerzo que se ha realizado por parte de las ONGD es necesario para el conjunto de actores. ¿Qué tipo de imágenes y mensajes podemos y debemos transmitir?

La existencia del Código de Conducta en la ED y en las ONGD permitió hacer de la ED un proceso educativo y evitó que se asumieran planteamientos asistenciales. Por contra, el Código Etico no impregnó al conjunto de la organización e hizo que la relación con socios/donantes quedara dentro del ámbito de la Comunicación con el único objetivo de la rendición de cuentas que permitiera una fidelización de socios y un aumento de la financiación. Esta dicotomía ha generado el incumplimiento y/o desconocimiento de los departamentos de comunicación de los principios recogidos en el código ético.

La comunicación en desarrollo en muchos actores ha estado ligada a la recaudación de fondos. Esto ha dado lugar a que desde la ED se favorezca la concienciación hacia una ciudadanía global, pero los mensajes lanzados por el departamento de comunicación con otro fin favorecen el desarrollo de un imaginario de lo que en la práctica es el desarrollo. Una institución que comunica sobre temáticas como salud, educación, cobertura de los servicios sociales básicos deberá, para favorecer una ciudadanía global, promover espacios de participación de la ciudadanía más allá de la recogida de materiales, envío de medicamentos, o recaudación de fondos bajo formas de apadrinamiento.

La ED / Comunicación para el Desarrollo necesita un buen diagnóstico del público (llámese meta, diana, objetivo) para tener éxito en su tarea

El público objetivo de la ED y, por lo tanto, del proceso educativo (formal, no formal e informal) en términos generales es la sociedad española, siendo los ámbitos de sensibilización, formación-educación, movilización social e investigación aquellos en los que acontece este proceso de transformación. Es clave por lo tanto en este proceso determinar con la mayor precisión posible quién es objeto de cada una de nuestras acciones transformadoras y cómo llegar hasta él. Para ello es necesario determinar cuáles son sus intereses, necesidades, poder y capacidad de intervención, qué carencias, fortalezas, potencialidades y debilidades plantea ante el proceso transformador, y cómo podrá implicarse en el mismo.

La Comunicación para el Desarrollo pone su énfasis en el mensaje transformador pero, al igual que la ED, si no tiene claro quién es el receptor de este mensaje y adecúa los mensajes a éste público difícilmente logrará impactar.

El III Plan Director de la Cooperación Española y que tiene su base en la Estrategia de Educación para el Desarrollo, y de acuerdo con las recomendaciones establecidas en el *Consenso Europeo sobre desarrollo en materia de sensibilización y educación para el desarrollo* promoverá este ámbito estratégico a través de los espacios formales, no formales e informales. En todos ellos, promoverá la participación, coordinación y complementariedad de los agentes de la sociedad: ONGD, nuevos movimientos sociales, Universidades, empresas de economía social, medios de comunicación, plataformas y redes internacionales, incluyendo redes de autoridades locales, que promuevan una ciudadanía global, e incorporará en sus iniciativas a representantes de estas instituciones y movimientos; especialmente en el ámbito formal promoverá la coordinación y complementariedad, en el espacio de sus competencias, del conjunto de la Administración General del Estado.

¿Quiénes somos? Comunicadores para el Desarrollo.

En el diseño de políticas públicas de comunicación para el desarrollo es necesario que existan espacios formales de intercambio y reflexión pues esto favorece la construcción de una identidad colectiva. Más allá de los resultados tangibles y de carácter práctico y/o funcional, la constitución de estos espacios formales refuerza el sentido de pertenencia mayor como actores clave en el proceso de transformación de la sociedad y ahonda en el sentido del desarrollo como proceso.

La formulación de la política de Comunicación para el Desarrollo pasa por habilitar espacios de reflexión plurales en un clima de respeto y confianza

Los talleres programados para la elaboración de la Estrategia de ED, y también para el PD, cuando se programaron intentaban dar respuesta inicialmente a una necesidad manifestada por la sociedad civil. Ahora bien, los espacios físicos se pueden habilitar pero esto no garantiza que los actores lo utilicen. No basta con tener uno o dos talleres para que los participantes pasen de sentirse sujetos pasivos o instrumentos a ser actores del mismo, y para ello es necesario utilizar una metodología que facilite la generación de un entorno actitudinal capaz de optimizar ese espacio. Crear este espacio era premisa para construir, con un mínimo de futuro, cualquier actuación de colaboración.

La Estrategia de ED tuvo desde que se inició su diseño hasta el momento en que se terminó el documento una línea abierta de colaboración con los actores que posteriormente pondrían en marcha el documento.

En el caso del Plan Director, el proceso de elaboración incluyó entrevistas y reuniones bilaterales y talleres multiactor. En los talleres hubo confrontación y diálogo pero también ha habido toda una dinámica de construcción conjunta. Participaron más de 400 personas en los talleres y se realizaron 250 aportaciones por escrito al primer borrador y 70 al segundo. Y este proceso no ha terminado...

El Plan Director, en el caso de la ED, plantea el constituir un grupo de trabajo con el conjunto de agentes de la ED. Este grupo velará por la coherencia de las actuaciones del conjunto de administraciones públicas que están encaminadas a favorecer el conocimiento sobre las interrelaciones económicas, políticas, sociales y culturales fruto del proceso de globalización en sus tres dimensiones (conceptual, procedimental y actitudinal), y a promover entre la ciudadanía actitudes favorables al desarrollo. ¿Quiénes son los actores clave (que no únicos) que deben participar de este grupo?: ONGD, medios de comunicación, Universidad y el conjunto de las Administraciones Públicas.

La Colaboración multiactor supone un cambio de paradigma fruto del enfoque orientado al proceso

El proceso de elaboración de la Estrategia de ED permitió iniciar un proceso de construcción de identidad colectiva con un grupo clave de actores de la cooperación española para la Educación para el Desarrollo: las personas que constituían el grupo de ED de la CONGDE, las que trabajaban en el Ministerio de Educación, Política Social y Deporte en el campo de la cooperación internacional y las que, desde la AECID, eran responsables de la Comunicación y Educación para el Desarrollo.

Igualmente, en el marco del proceso de elaboración del Plan Director, tuvo lugar un taller sobre Educación para el Desarrollo al que fueron invitadas: ONGD, Universidades, y medios de comunicación. La visualización es el primer paso para tomar conciencia de que el proceso de ED es un proceso multiactor, donde cada uno tiene un rol y donde necesariamente hay que buscar espacios de colaboración y complementariedad. Esta colaboración multiactor será posible en la medida en que se dé por parte del conjunto de actores una actitud que permita la colaboración, que seamos capaces de dejar de dictar lo que «otros» deben hacer y entremos de forma conjunta a trabajar en la construcción de una sociedad civil (aquí y alla) comprometida con el desarrollo, delimitando aquellos espacios que a cada uno le son propios, espacios donde cada actor reconoce y se reconoce en sus fortalezas pero sin limitar el intercambio y el enriquecimiento que supone la colaboración multiactor.

Estos espacios también han de facilitar la construcción conjunta de identidad. Ser lugares donde la reflexión introspectiva permita rescatar, debatir y apropiar a los actores los valores que deben impregnar sus acciones y los mensajes clave que transmitir, cómo hacerlo y cómo llegar a los públicos objetivo de cada actor.

Estos espacios formales permitirán incorporar debates acaecidos en ámbitos informales sobre la coherencia de las acciones, generar el hábito de reflexión introspectiva y de socialización, facilitará el análisis de la realidad y fomentará acciones encaminadas al desarrollo como proceso.

La Administración Pública tiene un papel clave como interlocutor, dinamizador y promotor de espacios de encuentro multiactor

Si queremos avanzar hacia una educación/comunicación para el desarrollo es necesario que existan responsables públicos. Responsables que dinamicen y coordinen al conjunto de actores, que generen espacios de encuentro donde el conjunto de actores puedan contrastar sus estrategias, e igualmente necesitan conocer a los que desde otras perspectivas están trabajando con un mismo fin. Las ONGD son reacias a compartir buenas prácticas en ED y, sin embargo, hay que posibilitar estos espacios. Hay campo y espacio para todos los actores, no hay que tener miedo a la pérdida de identidad.

Es necesario que el conjunto de actores de la cooperación valore el papel clave de la comunicación en el desarrollo, más allá de la rendición de cuentas que en algunos casos es confundida con la publicidad.

La Educación verdadera es, como señalaba P. Freire, praxis, reflexión y acción del hombre (*y la mujer*) sobre el mundo para transformarlo. Confío en que seamos capaces de promoverla.

Bibliografía

Argibay, M.; Celorio, G., Celorio J. (2009) *Educación para la Ciudadanía Global. Debates y Desafíos.* Hegoa, Vitoria Gasteiz. (En http://pdf2.hegoa.efaber.net/entry/content/441/investigacion_def.pdf, consulta realizada el 22/04/2009).

Comisión Europea (2007) *Consenso Europeo sobre el Desarrollo, Contribución de la Educación y la Sensibilización al Desarrollo.* (http://ec.europa.eu/development/icenter/repository/PUBLICATION_CONSENSUS_ES-067-00-00.pdf, consulta realizada el 22/04/2009).

CONGDE (2005) *La Educación para el Desarrollo una estrategia de cooperación imprescindible,* Madrid. (En http://autonomicas.congde.org/documentos/54_1.pdf, Consulta realizada el 22/04/2009).

Freire, P (1972) *La educación como práctica de la libertad,* Siglo XXI, Argentina.

Ortega, M.L. (2007) «Diez años en permanente evolución: de la Educación para el Desarrollo humano y sostenible… a la educación para la ciudadanía global» en Celorio, G y Munain, A, (coord.) *Actas del III Congreso de Educación para el Desarrollo,* HEGOA, Vitoria-Gasteiz (pág. 71-84)

(en http://pdf2.hegoa.efaber.net/entry/content/226/actasdef.pdf Consulta realizada el 22/04/2009)

_(2008) *Estrategia de Educación para el Desarrollo de la Cooperación Española*, DGPOLDE-SECI, Madrid. (En www.aecid.es/export/sites/default/web/galerias/programas/Vita/descargas/estrategia_educacion_desarr.pdf, Consulta realizada el 22/04/2009).

SECI-DGPOLDE (2009) *III Plan Director de la Cooperación Española* (www.aecid.es/export/sites/default/web/galerias/noticias/descargas/2009_03/III_Plan_Director_2009_2012_CUERPO.pdf, Consulta realizada el 22/04/2009).

Tercera Parte

La concertación de los actores de cooperación en la comunicación para el desarrollo

VIII.

La reflexión de los organismos internacionales

Germán Rojas[1]

La experiencia de la FAO en comunicación para el desarrollo comenzó en 1969, cuando se estableció en su organigrama una unidad específica con la misión de ocuparse de esta tarea. Desde ese entonces han transcurrido cuarenta años en el curso de los cuales la comunicación orientada al *desarrollo rural* ha tenido un cambio de 180 grados, al pasar desde ser un sistema unidireccional (vertica,l de arriba a abajo) en la transmisión de los mensajes que iban de los agentes de extensión a los campesinos, hacia un sistema que expresa un proceso social participativo en que los campesinos se comunican en una relación bidireccional con los expertos en desarrollo, a través de la cual se comparte información entre individuos que son equivalentes y que se relacionan de manera horizontal.

En general, ha existido durante mucho tiempo un alto grado de confusión sobre lo que se entiende por comunicación para el desarrollo. A veces se la confunde con la política de comunicación y relaciones públicas, que normalmente usan los gobiernos para promover sus nuevos programas y dar a conocer las directrices de dichos programas. En otras ocasiones se reduce la comunicación para el desarrollo a esa función que cumple la comunicación educativa para la capacitación, que es usada en los programas de transferencia de tecnología que tratan de transmitir conocimientos. La verdad es que la comunicación para el desarrollo puede contener

---

1 Germán Rojas es Jefe de la Oficina de Información de FAO para España y Andorra.

aspectos propios de las relaciones públicas y de la comunicación educativa, pero es mucho más que eso, ya que de lo que estamos hablando es de una comunicación participativa que permite entender cómo diferentes grupos perciben problemas complejos y definen sistemas de negociación.

Para los efectos de esta reflexión de los organismos internacionales, comenzaré analizando las principales teorías de la comunicación que han iluminado el camino de evolución vivido por la comunicación para el desarrollo en estas últimas cuatro décadas, en seguida me referiré a las metodologías y los enfoques que se están implementado en la actualidad, dedicaré en tercer lugar una sección a las lecciones que hemos aprendido, y concluiré esta reflexión aventurando algunas pocas recomendaciones pensando en el futuro.

Teorías de la comunicación

Respecto a las teorías de la comunicación comenzaré refiriéndome a tres paradigmas que me parece que han sido los más relevantes a lo largo de estos años. Sin embargo, es importante señalar que la comunicación para el desarrollo no ha experimentado una evolución lineal en la cual los nuevos enfoques han reemplazado a los anteriores. Por el contrario, diferentes teorías, conceptos y prácticas que se originaron bajo distintos paradigmas han continuado coexistiendo en este largo proceso que ha ido desarrollándose desde el modelo de difusión y persuasión hasta el modelo de participación y «empoderamiento», más en boga actualmente.

Estos tres paradigmas o modelos corresponden a las teorías de la *modernización*, de la *dependencia* y de la *participación*.

a) Teoría de la modernización

Después de la segunda guerra mundial, el modelo de la información era entendido como una relación lineal entre emisores y receptores, con una participación muy limitada por parte de estos últimos. Este enfoque vertical, de arriba hacia abajo, para la difusión de innovaciones en el mundo en desarrollo se basaba principalmente en la idea de que las tecnologías y el conocimiento científico occidental eran de un valor superior al conocimiento local, y por lo tanto tenían una validez universal. El Tercer Mundo, por lo tanto, tenía que seguir el modelo de Occidente para lograr su pleno desarrollo, lo que significaba abandonar su cultura tradicional, sus actitudes, sus costumbres y creencias, porque ellas eran graves obstáculos para el desarrollo. Según la teoría de la modernización, las herramientas de la comunicación eran fundamentales para la difusión de formas modernas de organización social, donde la alfabetización jugaba un papel de gran importancia. Detrás de esta concepción del mundo y de las cosas, el modelo modernizador debía también servir para promover la difusión del ideal político liberal-democrático al interior de los países subdesarrollados. El desarrollo, por tanto, era visto como un progreso continuo desde lo primitivo hacia lo moderno, ya que se asumía que las principales causas del subdesarrollo eran endógenas, por cuanto los pueblos del Tercer Mundo eran responsables de ser tradicionalistas, fatalistas y sordos a la innovación tecnológica. De allí entonces que la teoría de la modernización pensara que se necesitaba un cambio social de gran envergadura, para lo cual la gente tenía que ser informada, persuadida y educada, y, por lo tanto, le atribuía a la comunicación para el desarrollo la posibilidad de ayudar a dicho proceso de cambio, ya que se entendía que si la gente cambiaba sus ideas, cambiaba también sus actitudes.

El modelo que, por lo general, se nos proponía entonces era el modelo «emisor-medio-receptor», que tuvo sus orígenes en la segunda guerra mundial y era usado para conducir bombarderos sobre territorios nazis. Se elaboraban órdenes criptográficas, para no ser entendidas por el enemigo, y se transmitían radioeléctricamente. El receptor decodificaba y cumplía las órdenes. Es un modelo vertical. El emisor que ordena y el receptor que obedece. Del que sabe al que ignora. Del que tiene el poder al desposeído. Este modelo fue transferido sin ningún cuestionamiento al campo académico y de aquí a la sociedad. Se le perfecciona con el concepto de «comunicación de doble flujo», llamado también de retroalimentación o *feedback*, que no es sino el proceso por el cual el emisor controla si su mensaje llegó como quería al destinatario.

En este marco de pensamiento, los primeros esfuerzos que realizó la FAO en comunicación para el desarrollo a partir de finales de los años sesenta fue introducir el componente de la comunicación en los proyectos de campo, con el doble objetivo de a) informar, diseminar y motivar, y b) capacitar a los expertos de campo y a los campesinos. Con el primer objetivo se trataba simplemente de informar a la gente de las zonas rurales sobre nuevas ideas, servicios y tecnologías, para mejorar su calidad de vida. Con el segundo objetivo, se pretendía mejorar las habilidades comunicacionales de los extensionistas de campo y facilitar la participación campesina en la identificación de sus propios problemas. Las herramientas que desde entonces se han empleado han sido muy variadas y van desde la utilización de la radio hasta el uso de diapositivas, filminas, cintas de audio, rotafolios, obras de teatro a nivel de aldea, folletos, manuales y más recientemente el uso del vídeo. Como varias de estas herramientas permiten la retroalimentación por parte de quienes reciben la capacitación, pudiendo establecerse una relación bi-direccional, ellas han seguido siendo usadas a lo largo del tiempo.

b) Teoría de la dependencia

La estructuración del sistema capitalista a nivel mundial compuesto por un «centro» y una «periferia» fue vista en los años 60 y 70 como la principal causa del subdesarrollo y la dependencia, ya que el centro dominaba completamente a la periferia a nivel político, económico, social y cultural. Quienes formularon la teoría de la dependencia afirmaban que esta «enfermedad» tenía una sola medicina: cambios estructurales radicales que permitieran una equitativa redistribución de los recursos. Alejándose del paradigma de la modernización, según esta nueva visión los problemas del subdesarrollo no eran internos sino externos a los países pobres, ya que se ubicaban principalmente en las inequidades propias del sistema económico internacional imperante. Quizás la crítica más sustancial a la dependencia imperante es desarrollada por Paulo Freire, educador brasileño, quien afirmaba que «cualquier situación en la que algunos individuos impiden a otros involucrarse en el proceso de información, es un acto de violencia. El alienar a los seres humanos de sus propios procesos de toma de decisiones es transformarlos en objetos» (*Pedagogía del oprimido*, 1972). Los escritos de Freire tienen una gran influencia en la definición de las nuevas metodologías de comunicación para el desarrollo que se formulan en aquellos años.

Las limitaciones del modelo tradicional «emisor-medio-receptor» llevó poco a poco a la elaboración de un modelo más elaborado que es el de «interlocutor-medio-interlocutor». Se afirma que existe comunicación si —y sólo si— los mensajes que comparten los interlocutores son el producto de un trabajo conjunto coordinado por un comunicador para el desarrollo. El comunicador pasa a situarse entre dos universos de interlocutores, los especialistas o los decisores políticos o científicos y los interlocutores de masa o sujetos del desarrollo, y le corresponde producir mensajes claros, inteligibles y útiles para los destinatarios. De esta forma, la comunicación se fue haciendo parte integral de los procesos sociales y políticos de desarrollo. Quizás el legado más importante del paradigma de la dependencia es que la comunicación comenzó desde entonces a ser vista como algo que la gente hace y no como algo que paternalistamente se hace para ellos.

c) Teoría de la participación

El paradigma participativo comenzó a desarrollarse en los años 80 y cambió el enfoque vertical («top-down») que había prevalecido hasta entonces, por un enfoque que partía de las necesidades de los así llamados «beneficiarios» de los proyectos. El rol de la comunicación en este proceso es doble: por una parte, permite proveer información técnica sobre los problemas del desarrollo y sobre las innovaciones que son necesarias para responder a las necesidades locales, y por otra parte, difunde información sobre experiencias exitosas de desarrollo alcanzados por los grupos locales, de modo que otros grupos puedan beneficiarse de dichas experiencias. El desarrollo es visto así en una dimensión más amplia y no solamente vinculado al desarrollo económico, ya que era mucho más humano, normativo, pluralista, orientado socialmente, y menos impositivo en cuanto a los objetivos de los programas y proyectos. Con el paso del tiempo se llegó a afirmar que igual que no existe un modelo único de desarrollo, tampoco existe un modelo de comunicación válido para todas las situaciones.

La comunicación participativa favorece el trabajo «entre socios», la multiplicidad, la pequeña escala, lo local, la descentralización, la flexibilidad institucional, el intercambio de roles entre emisor y receptor, la horizontalidad de la comunicación a todos los niveles y la interacción. Mientras los modelos previos de comunicación dieron menor importancia al contenido, la comunicación participativa construye mensajes a partir de la investigación y de la sistemática evaluación de las necesidades de las audiencias a quienes van dirigidos tales mensajes. El énfasis está ahora puesto en el intercambio de información y en el compartir conocimiento. Se recogen como nuevos conceptos que ya estaban presentes en los postulados pedagógicos de Paulo Freire, porque en lugar de presentar a las audiencias problemas y soluciones definidas externamente, el diálogo social se transforma en la clave de la participación. Así, los receptores pasivos de la información se transforman tanto en participantes activos en los programas de comunicación, como también en generadores de conocimiento. Ni más ni menos, la comunicación es ahora el proceso que hace posible que la gente se «empodere», es decir, se transforme en actores líderes de su proceso de desarrollo.

Metodologías y enfoques actuales

En la última década, el trabajo de FAO en comunicación para el desarrollo se ha concentrado en tres funciones principales: primero, facilitar la participación, es decir, comunicación participativa; segundo, hacer que la información sea entendible y cargada de significado, o sea, que la comunicación sirva para compartir conocimiento; y tercero lograr que las políticas sean conocidas y relevantes.

La comunicación participativa, como se ha dicho, tiene por objeto dar voz a diferentes actores para que se incorporen al proceso de toma de decisiones. Hacer que la información sea entendible significa dar a conocer información con el propósito de capacitar, intercambiar experiencias y compartir conocimientos y tecnologías. Lograr que las políticas sean conocidas y relevantes implica la adopción y promoción de políticas de desarrollo a través del debate abierto, la incorporación de los intereses de aquellas personas más afectadas por la pobreza y otros problemas de desarrollo, y que idealmente las políticas se plasmen en leyes efectivas para la lucha contra la pobreza y en pro del desarrollo integral de las personas.

Según la experiencia de la FAO acumulada en estos últimos años, podemos decir que los principios básicos y la filosofía que guía el trabajo de comunicación participativa pueden resumirse de la siguiente manera: 1) La comunicación es una herramienta de mediación que pone en contacto a diferentes grupos sociales para que discutan sus intereses y necesidades y lleguen a un consenso para la acción. 2) Las tecnologías y los instrumentos de comunicación son herramientas en el proceso y no fin en sí mismos. 3) Hay que comenzar por escuchar a los hombres y las mujeres del campo y tomar en consideración sus perspectivas, necesidades, conocimientos, experiencias, culturas y tradiciones. 4) Hay que buscar alianzas con todos los actores presentes en los procesos de desarrollo. 5) Hay que hacer uso de todos los medios y canales de comunicación disponibles, ya sean modernos o tradicionales. Y 6) las herramientas de comunicación que se utilicen deben ser adecuadas a las condiciones culturales, sociales, económicas, ambientales y políticas de las áreas rurales de los países donde se actúa.

Lecciones aprendidas

No es muy común realizar análisis sobre las lecciones aprendidas después de terminados los proyectos de desarrollo. Mucho más difícil es hacer análisis para evaluar las políticas de comunicación para el desarrollo después de cuatro décadas. Por fortuna, la FAO ha venido realizando este ejercicio desde hace bastante tiempo y hemos podido identificar —sin ser exhaustivos en esta materia— los siguientes 8 puntos que nos parecen muy relevantes:

1. *La comunicación participativa debe ser parte integrante de los proyectos desde sus inicios.* Si el objetivo de las acciones de desarrollo es lograr que los pobres mejoren su condición, el esfuerzo debe comenzar en el contexto donde ellos viven, y no en la oficina de planificación ni en la institución de investigación, ni tampoco debe desarrollarse a partir de teorías elaboradas por organizaciones y personas alejadas de la realidad donde actúa el proyecto.
2. *El conocimiento y las prácticas de la población indígena deberían estar presentes desde un comienzo.* La afirmación de que se debe iniciar con lo que la gente ya conoce y construir a partir de lo que tiene, lleva implícita la noción de que el conocimiento indígena puede otorgar un entendimiento diferente y mucho más preciso de los problemas reales de la gente a quienes se pretende beneficiar con los proyectos.
3. *Se deben usar en lo posible más de una herramienta de comunicación* porque permite transmitir los mensajes desde diferentes perspectivas, y porque hay personas que son más receptivas a un tipo de medio que a otro, por ejemplo, al preferir los medios visuales que el audio o viceversa.
4. *Hay que proveer adecuado financiamiento desde el principio para los componentes de comunicación y aprendizaje.* Por lo general se estima que hay que dedicar a este componente entre un 5 y un10% del presupuesto total de un proyecto, pero mientras más grande es el proyecto, menor será la proporción que debe ser dedicada al componente de comunicación.
5. Como la creación de capacidades humanas toma tiempo, por lo general es recomendable que los proyectos que incluyen el componente de comunicación para el desarrollo tengan una *duración de más de 5 años.*
6. Dado el creciente proceso de feminización de la agricultura, cada vez es más relevante que las estrategias de comunicación y los contenidos que se transmiten como mensajes *tomen en consideración la perspectiva de género* y los problemas específicos que enfrentan las mujeres rurales.
7. La *evaluación orientada a los resultados* es de gran utilidad para saber el impacto real que el componente de comunicación ha tenido en la ejecución de los proyectos.

8. La utilización de las TIC debe estar avalada por una evaluación de necesidades realizada previamente al inicio del proyecto y deben pasar por un proceso de apropiación local para determinar su utilidad para el desarrollo rural.

Recomendaciones para el futuro

A partir de la experiencia del trabajo de la FAO quisiera formular unas pocas recomendaciones para el futuro que pudieran ser de utilidad para todos quienes trabajan en el campo de la comunicación para el desarrollo.

1) *La necesidad de una política de Comunicación para el Desarrollo.* Los países que poseen políticas que apoyan la comunicación para el desarrollo están mucho mejor situados para desarrollar buenas iniciativas en esta área. La existencia de un ambiente que promueve la comunicación para el desarrollo ofrece una posibilidad para que los expertos y quienes practican este tipo de comunicación puedan exigir la inclusión de ella a distintos niveles del proceso de desarrollo (planificación, ejecución, monitoreo y evaluación).

Desgraciadamente, lo que tiende a predominar hoy es la falta de políticas de comunicación para el desarrollo, debido principalmente a la falta de voluntad política de asignarle una alta prioridad a muchos problemas del desarrollo.

2) *La importancia de promover y reforzar alianzas.* En el análisis de distintas experiencias hemos constatado que se realizan muy variados tipos de esfuerzos y que a veces les lleva a los países mucho tiempo darse cuenta de la importancia de llevar a la práctica alianzas entre diversos actores (gubernamentales, organismos internacionales, ONG y organizaciones de la sociedad civil, académicos, etc.) que están llamados en causa en las iniciativas de comunicación para el desarrollo. De ahí que sea muy importante buscar alianzas con todos los actores para el éxito de iniciativas de comunicación.

3) *Desarrollo de capacidades para los tomadores de decisiones y para los profesionales de la comunicación.* La experiencia ha demos-

trado que quienes toman las decisiones se sienten cómodos con la idea de que la comunicación se aplica principalmente a las relaciones públicas, a la información y a la creación de conciencia. Y tampoco comprenden la necesidad de planificar la comunicación para hacer viable una iniciativa comunicacional. Esta falta de conocimiento puede resultar en una gran confusión entre comunicación para el desarrollo y herramientas de comunicación, y presenta la mayor barrera para la implementación de iniciativas de comunicación para el desarrollo. Por ello es muy importante ampliarle a los tomadores de decisiones la visión a todas las posibilidades, que van desde las relaciones públicas hasta la comunicación participativa.

Por otra parte, no es menos importante la urgente necesidad de desarrollar equipos de especialistas en comunicación para el desarrollo que estén bien capacitados. En todas las regiones en desarrollo hay una inmensa escasez de expertos en comunicación debidamente capacitados. A lo que también se suma una cierta confusión sobre lo que significa en términos concretos la comunicación para el desarrollo, lo que dificulta entre las distintas regiones encontrar un lenguaje y una terminología común para explicar el significado de los procesos de comunicación. De aquí la necesidad de implementar programas de capacitación a diversos niveles.

4) *Compartir historias y experiencias*. El intercambio de historias y experiencias exitosas es una gran herramienta para sensibilizar a los escalones políticos sobre la importancia de la comunicación para el desarrollo. De particular interés en el futuro será el compartir mecanismos exitosos para crear espacios de diálogo y cambio entre los comunicadores y quienes adoptan las decisiones. Siendo verdad aquello de que «sin comunicación no hay desarrollo», también es cierto «que si no se llega a los círculos donde se adoptan las políticas no hay mensaje.»

Conclusión

En resumen, podemos concluir afirmando que la comunicación es condición imprescindible, aunque no suficiente, para generar un desarrollo endógeno, autogestionado y sustentable. Y es por ello que todos los actores de los procesos de desarrollo, ya sean los decisores que establecen políticas, los expertos internacionales y quienes participan en las instituciones que implementan los proyectos, los investigadores, los ejecutores técnicos de las políticas decididas y los beneficiarios de dichos proyectos y políticas, deben tener un conocimiento básico de qué cosa es la comunicación para el desarrollo.

Silvia Balit, de la FAO, nos decía que «la comunicación para el desarrollo es un proceso social por medio del cual se comparten ideas, conocimientos y habilidades en el contexto de una iniciativa de desarrollo. Su función es facilitar la participación y la construcción de consensos para la toma de decisiones y para implementar acciones de desarrollo que tomen en consideración los intereses, las necesidades y las capacidades de todos los actores.» De Paulo Freire aprendimos a evitar errores que hasta hoy se dan en la comunicación para el desarrollo: no es cierto que el que sabe hacer, sabe enseñar lo que hace; no es cierto que porque sepamos hablar, sepamos comunicar; no es cierto que enseñar sea sinónimo de aprender. En estos errores se fundamentan muchas de las limitaciones experimentadas por numerosas intervenciones a favor del desarrollo.

En comunicación para el desarrollo rural se parte de un viejo refrán campesino: si lo oigo, lo olvido; si lo veo, lo recuerdo; si lo hago, lo aprendo. Los hombres y mujeres del campo son interlocutores en la etapa de determinación del contenido, son participantes realizando aportes en forma libre y voluntaria en el proceso interactivo y son usuarios de los conocimientos rescatados y nuevos que le proporciona el proceso de enseñanza/aprendizaje. La relación es horizontal. El trabajo se puede hacer en condiciones de analfabetismo, multilingüismo, masividad y dispersión. Supone estar preparado para modificarse en el proceso. Implica confianza en el otro. Se excluye la fuerza, la imposición. No se trata de convencer, sino de seducir, de lograr motivar, de hacer participar, de invitar a un proyecto común y de aprender a construir juntos los deseos sociales mediante acuerdos profundos.

A través de los largos años de experiencia, en la FAO estamos convencidos de que «el saber», que definimos como la integración de la sabiduría tradicional y el conocimiento científico moderno, es una condición imprescindible en los proyectos de desarrollo. Crecimiento no es sinónimo de desarrollo. Los objetos materiales pueden crecer; pero son las personas las que se pueden desarrollar. El desarrollo es humano; no es de los objetos, sino de los sujetos activos en la construcción de su propio desarrollo. No consiste en un «estar» mejor, sino en un «ser» mejor, simplemente.

Y para concluir, quisiera quedarme al menos con una frase de Paulo Freire que le escuché decir en Santiago de Chile cuando él vivió allá exiliado a principios de los años setenta, y que es de una inmensa profundidad: «Alfabetizarse no es aprender a repetir palabras, sino aprender a decir su palabra», lo que traducido al lenguaje del siglo XXI quiere decir, tal como lo afirmamos en el Congreso Mundial de Comunicación para el Desarrollo del año 2006, que la comunicación es un derecho y no sólo una estrategia de desarrollo.

IX.

Comunicación, intercambio y participación: una mirada desde las ONG

Grupo de Comunicación de la Coordinadora de ONG de Desarrollo-España[1]

Comunicar es siempre un vuelo,
un salto en el aire uniendo dos voluntades
Mia Couto

Todo debate genera reflexión, en ocasiones provoca polémica y, la mayoría de las veces, crea expectativas. Cuando ponemos en común nuestros puntos de vista, nos obligamos a definir cuidadosamente nuestras ideas, a analizar otras opiniones; nos planteamos opciones que hasta entonces no habíamos tenido en cuenta. La mayor riqueza de este proceso reside en la posibilidad de llegar a consensos y proyectos comunes avanzando desde puntos de partida diferentes; unir las dos voluntades de las que habla Mia Couto. En este sentido, la participación en el debate sobre el papel de la comunicación en el Desarrollo y en los procesos de cooperación internacional y, en concreto, la participación en este seminario, representa para la Coordinadora de ONGD-España una excelente oportunidad para la reflexión y el intercambio. El proceso iniciado hace dos años en este mismo marco, promovido por IPS, y especialmente por Raquel Martínez y Mario Lubetkin, con el apoyo de la AECID, ha demostrado la pertinencia e interés de la temática y ha facilitado que diversos actores, incluida la propia Coordinadora, generen procesos internos de reflexión y

[1] La Coordinadora de ONG de Desarrollo de España está formada por 94 ONGD y 14 Coordinadoras Autonómicas que, en conjunto, suman más de 400 organizaciones dedicadas a la cooperación internacional.

encuentren espacios para avanzar en el marco conceptual y en las propuestas de acción alrededor del papel de la comunicación en el desarrollo.

Desde hace ya algunos años, la Coordinadora —específicamente el grupo de comunicación— viene realizando su propio proceso de reflexión sobre el papel de la comunicación para el fomento del desarrollo de los pueblos y las personas. Las discusiones se han producido, en primer lugar, dentro de las propias organizaciones que actualmente cuentan en su mayoría con personas especializadas en comunicación. Con el paso de los años, este debate comienza incluso a influir en la definición de la misión y actuaciones de las ONGD. Pero además, el intercambio de análisis y perspectivas entre las ONGD que conforman la Coordinadora nos ha llevado a consensos y posiciones comunes en cuanto a las pautas para un buen uso de la comunicación en el ámbito de la cooperación al desarrollo y la lucha contra la pobreza. Algunos de estos consensos los podemos encontrar en el Código de Conducta, documento de referencia para las organizaciones que forman parte de la Coordinadora.

Contamos, por tanto, con un bagaje que nos ayuda a situarnos en este debate. Definir la posición desde la que se participa en un debate facilita la claridad y el intercambio. Y por ello, debemos preguntarnos cuál es nuestro punto de partida, desde dónde hablamos y participamos; ¿tenemos algo específico que decir como actor colectivo? Nuestra reflexión, en este sentido, nos conduce a dos cuestiones: la primera de ellas tiene que ver con la identidad de las ONGD y su papel en este ámbito; la segunda se refiere a la relación de las ONGD con el concepto «comunicación».

La mirada de las ONGD como actor colectivo

A la hora de hablar de las características propias de las ONG, debemos partir de un hecho: el concepto *Organización No Gubernamental* es confuso y carente de identidad clara. Existen múltiples definiciones con numerosas matizaciones que impiden establecer un perímetro unívoco del concepto. Algo que también ocurre con el término *tercer sector*, aún más amplio y con tal diversidad de actores implicados que su explicación no puede ir más allá de una descripción taxonómica. Esta carencia de un marco identitario, jurídico o conceptual aceptado, dificulta generar discursos y posiciones como actor colectivo y, a veces, esta dificultad se interpreta como debilidad o como inexistencia de posicionamiento.

Sin embargo, cuando hablamos de *ONG para el Desarrollo*, a pesar de la existencia de una gran diversidad de visiones, posiciones y tipologías de organizaciones, podemos contar con una mayor claridad. Uno de los logros de la Coordinadora de ONG para el Desarrollo ha sido precisamente la construcción de un discurso y unas señas de identidad compartidas que aglutinan e identifican a un centenar de organizaciones: ONG que representan a la denominada sociedad civil organizada, presente y activa en el campo de la Cooperación al Desarrollo y la Acción Humanitaria. Ese actor colectivo no ha pretendido en ningún momento excluir a otros que actúan en el mismo campo o atribuirse un papel exclusivo, sino actuar de manera conjunta desde una posición que le es propia. A lo largo de varias décadas las ONGD han conseguido fraguar una identidad, construir un discurso, una perspectiva, una mirada que es el lugar desde el cual nos situamos para reflexionar sobre el papel de la Comunicación en el Desarrollo. A partir de esta mirada, podemos proponer algunas reflexiones al contenido de este seminario.

En primer lugar, partimos de una visión del desarrollo fundamentada en la justicia social, en la igualdad, en la solidaridad; comprometida con los derechos humanos y orientada a producir cambios sociales transformadores. Tal y como se recoge en el Código de Conducta:

> «Las ONGD promueven el desarrollo, entendiéndolo como un proceso de cambio social, económico, político, cultural, tecnológico, etc., que surgido de la voluntad colectiva, requiere la organización participativa y el uso democrático del poder de los miembros de una comunidad. El desarrollo, así entendido, crea condiciones de equidad que abren más y mejores oportunidades de vida al ser humano para que despliegue todas sus potencialidades y preserva,

para las generaciones futuras, el acceso y el buen uso de los recursos, el medio ambiente natural y el acervo cultural» (Código de conducta de la Coordinadora de ONG para el Desarrollo, 2008).

Nuestro concepto de desarrollo se asienta en dos características esenciales que lo definen; por un lado debe ser sostenible y, por otro, humano. La defensa de un desarrollo sostenible supone no sólo promover un uso responsable de los recursos naturales que permita a las personas alcanzar niveles de bienestar adecuados, sino que, además, implica un compromiso con las futuras generaciones, de manera que la utilización que hagamos ahora de los recursos que tenemos no hipoteque las posibilidades futuras. Pero además, y sobre todo, el desarrollo debe ser humano, es decir, un proceso de expansión de las capacidades de las personas de forma que ellas mismas puedan elegir sus propias vidas.

En segundo lugar, esta visión de desarrollo nos lleva a promover una acción basada en la participación y en el empoderamiento de la ciudadanía. Y cuando hablamos de ciudadanía nos referimos tanto a las personas de los países desarrollados como a las de los países en desarrollo. La promoción del voluntariado, la participación activa de las bases sociales de las organizaciones y el protagonismo de las comunidades y poblaciones de los países en desarrollo como sujetos activos, son parte esencial de nuestro trabajo. Entendemos a las personas como protagonistas de su propio desarrollo —tal como indica el PNUD, «desarrollo de la gente, para la gente y por la gente». Y nosotros añadimos: «con» la gente. Ningún desarrollo se producirá sin la implicación y participación de la población como protagonista de sus propias vidas.

En tercer lugar, partimos de la convicción de que para conseguir un cambio social es necesario promover e integrar una comunicación en coherencia con estos principios. Una comunicación que no sólo debe estar incorporada en las actuaciones más cercanas a ella, como son la educación para el desarrollo o la movilización social, sino que debe formar parte sustancial del sistema de la cooperación al desarrollo en su conjunto. En este sentido, tal como hemos comentado anteriormente, la comunicación ha vivido un importante proceso de cambio en el interior de las ONG. En los últimos años se ha pasado de considerarla como un elemento instrumental orientado fundamentalmente a la obtención de reconocimiento y a la captación de fondos, a entenderla como una pieza más de la misión de las organizaciones con capacidad para generar cambios sociales sostenibles.

Por último, cabe destacar que las ONG han pasado de ser objeto de información a ser sujetos activos del ámbito de la información y de la comunicación. Este cambio se ha producido tanto por factores externos como internos. La importancia que la comunicación ha adquirido en las últimas décadas, el enorme impacto de las nuevas tecnologías sobre la transmisión de información, la creciente influencia de los medios en la creación de imaginarios y valores colectivos hacen que ningún proceso que persiga un cambio social pueda actuar al margen de estas sinergias. Pero además, las propias ONG han sufrido una evolución que les ha permitido transformarse en fuentes de información y creadoras de contenidos y significados. De este modo se han convertido en medios de información, a través de publicaciones periódicas y espacios en internet —hay que tener en cuenta que la difusión de algunos de estos medios alcanzaría una posición en los *ranking* de audiencia nada desdeñables. Incluso se han creado ciertos espacios de intercambio de informaciones, de diálogo supranacional, de comunicación intercultural: radios por internet en las que intervienen personas de distintas regiones del mundo, comunidades virtuales, blogs, publicaciones online interactivas, etc.

Resumiendo, nuestra mirada en el debate, por lo tanto, debe promover una comunicación coherente con los valores de la justicia social, de la solidaridad y la igualdad, orientada a la transformación y al cambio social, a través de la participación activa de la ciudadanía.

Cómo entendemos la comunicación

La segunda reflexión necesaria para poder situarnos nos lleva a desentrañar la maraña terminológica, el enfoque o marco conceptual que utilizamos cuando hablamos de comunicación. Partimos del hecho de que se trata de un concepto que es en sí mismo polisémico y diverso; no obstante, podemos proponer algunas de sus acepciones y características que nos parecen más sugerentes en este contexto.

En primer lugar, comunicar significa poner en común e implica compartir información. Este proceso se constituye en elemento clave para garantizar la participación de la ciudadanía en sociedades democráticas, y por eso el derecho a la información y a la libertad de expresión es reconocido como derecho humano universal por textos internacionales como la Declaración Universal de Derechos Humanos de 1948 o el Pacto Internacional de Derechos Civiles y Políticos de 1966.

Pero al hablar de comunicación no nos referimos únicamente al fenómeno de difusión de informaciones sino que hablamos de un proceso mucho más complejo en el que intervienen diversos actores. Tal como señala Alfonso Gumucio Dagro, «Comunicación y participación son en realidad dos palabras que comparten un mismo concepto. Etimológicamente, la alocución latina *communio* nos remite al hecho de participar y compartir. Las lenguas modernas han otorgado nuevos significados a la palabra comunicación, a menudo confundida con información» (Gumucio, 2004). Así, la comunicación es el instrumento básico para establecer relaciones; es omnipresente, puesto que todo comunica de alguna forma —nuestras palabras, nuestras actuaciones, la terminología que utilizamos, etc.—; y además es bidireccional, ya que se trata de un proceso de ida y vuelta en el que intervienen diferentes sujetos. La comunicación, además, cuenta con un carácter multidisciplinar que es el que permite que en ella se engloben acciones como el marketing y la captación, la sensibilización, la educación para el desarrollo, la incidencia política o las relaciones públicas.

Desde esta visión, proponemos acercarnos al proceso comunicativo desde tres enfoques diferentes: el psico-social, el técnico-profesional y el ético-político. Veamos en qué consiste cada uno de ellos.

El *enfoque psico-social* sería aquel que entiende la comunicación a partir de su función básica, es decir, como un proceso que permite el intercambio de opiniones, informaciones, puntos de vista entre diversos actores. En este sentido, se trataría de recuperar la esencia de la comunicación como puente entre personas y pueblos. Y aquí, las ONGD deberían sentirse claramente implicadas en tanto que en su esencia su papel es precisamente ése, servir de puente entre personas y pueblos para contribuir a un desarrollo más equitativo. Entender así la comunicación y nuestro papel como organizaciones sociales, nos lleva a promover modelos de comunicación y, consecuentemente, modelos organizativos y de acción basados en la cooperación, la colaboración, la participación, la inclusión y el empoderamiento de las personas.

Con demasiada facilidad importamos modelos de organización y estilos de comunicación que provienen de otros ámbitos (fundamentalmente del sector empresarial), sin enfrentarlos con el marco de valores propio y limitando así la posibilidad, la riqueza, de generar discursos, modelos, conceptos e imágenes colectivas alternativas. Como nos diría George Lakoff, nuestra visión de la realidad, nuestros sistemas conceptuales se conforman a partir de marcos discursivos, marcos de referencia, que organizan las formas de entender el mundo y definen el orden social sobre el que actuar. Pensemos, por ejemplo, en los marcos de referencia que los medios de comunicación ofrecen sobre los países en desarrollo. En general, suelen ser incompletos, caracterizados por la banalización, la inexistencia de un análisis crítico, el maniqueísmo (imágenes bélicas o paradisíacas) y la folklorización. Si, como ONGD, queremos intervenir en estos discursos, debemos conocer al detalle cómo se conforman y funcionan; pero además, como creadores de información, debemos plantearnos cuáles son las referencias que nosotros mismos deseamos crear y enfrentarlas con las que estamos ofreciendo. ¿Promovemos la participación de las personas con las que trabajamos? ¿fomentamos la educación y la solidaridad más allá de la caridad? ¿cuál es el marco de solidaridad y cooperación que difundimos? En general, podemos decir que la agenda informativa sobre los asuntos que afectan al desarrollo de los pueblos es limitada y esa limitación provoca a su vez un retroceso en el ejercicio de la ciudadanía. La base social que respalda a las ONGD, así como su reconocimiento público y social nos sitúa en una posición, y con una responsabilidad, como potenciales creadores de marcos de referencia y de sistemas de significado.

La *vertiente técnico-profesional* de la comunicación ha sido, sin duda, la más visible y consciente dentro de las ONGD: la comunicación como herramienta, para la captación de fondos, para la visibilidad, para la denuncia, integrada en proyectos de desarrollo como un recurso técnico más, o dentro de una estrategia de sensibilización o educación para el desarrollo.

Durante mucho tiempo, la comunicación ha sido entendida como un elemento paralelo a los proyectos de desarrollo, una herramienta para difundir información, recaudar fondos o rendir cuentas; raramente ha sido considerada como diálogo o herramienta de participación de la ciudadanía en el espacio público. Y es que la comunicación como fin en sí mismo no sólo lanza mensajes, sino que además alimenta la interacción, el diálogo y las construcciones colectivas.

De hecho, más que un medio para conseguir un objetivo la comunicación se constituye en un fin en sí mismo. Se trata de lo que Javier Erro denomina *comunicación como desarrollo*:

> «...el acto mismo de comunicarse, el proceso comunicativo, la toma de decisiones colectiva, la autoorganización, (...) generan un proceso de aprendizaje que en sí mismo ya se constituye en desarrollo personal y colectivo» (Erro, 2002: 50).

Una de las características con mayor carga política de la comunicación entendida de esta manera es su enorme potencial educativo, ya que facilita el cambio de comportamiento de los actores a quienes se dirige. Es precisamente por esta razón que la sensibilización y la educación para el desarrollo se han convertido en áreas relevantes de la actuación de las ONGD; no se trata tanto de ofrecer datos sobre las causas de la pobreza, sino de educar para la actuación ciudadana. De este modo, toda acción comunicativa que realice una ONGD debería partir de la concepción de su receptor como sujeto capaz de comprender lo que se le presenta y actuar desde la responsabilidad social.

Otro aspecto importante desde el punto de vista del uso técnico de la comunicación en las ONGD es el relativo a la transparencia y rendición de cuentas. Como organizaciones de la sociedad civil, en las que participan y se involucran millones de personas, y que reciben fondos privados y públicos con los que implementan proyectos de desarrollo, las ONGD deben responder de manera responsable ante los colectivos involucrados en su acción. Una vez más, en lugar de importar visiones del sector empresarial, la propuesta de transparencia y rendición de cuentas de las ONGD debe partir de su visión y sus valores. La transparencia y la rendición de cuentas debe orientarse a la participación activa y a la búsqueda del compromiso y la involucración de las personas (en esencia somos puentes entre pueblos). Consecuentemente nuestros procesos de rendición de cuentas deberán ser participativos y tener como primeros destinatarios a las comunidades con las que trabajamos y a las personas que constituyen nuestra base social. La transparencia en las ONGD no puede tener como objetivo aparecer en un ranking, obtener una puntuación o un certificado. Una vez más, el diálogo y la comunicación participativa son claves si queremos ser coherentes con nuestra propia mirada.

Por último, tendríamos el enfoque que podríamos denominar *ético-político*. La comunicación posee una alta carga de transformación social, contribuye a la gobernabilidad democrática, a la construcción de la paz, a la cultura y al desarrollo. Los distintos actores que intervienen en el proceso comunicativo tienen una enorme responsabilidad a la hora de garantizar que el derecho a la comunicación sea efectivo. Y cuando hablamos de este derecho no nos referimos solamente a la posibilidad de recibir noticias veraces, completas, honestas y rigurosas, sino también a la capacidad para producirlas y difundirlas en los espacios oportunos.

Destacados formadores de *marcos de referencia*, los medios de comunicación deben garantizar una información completa y de calidad. Las características de la actual sociedad de la información otorgan a los conglomerados mediáticos un protagonismo sin precedentes; organizados como grandes grupos empresariales, tienden a perseguir el lucro económico olvidando la responsabilidad social que, como garantes del derecho a la comunicación, les corresponde. Por su parte, los poderes públicos deben proteger y garantizar de manera efectiva el derecho a la comunicación más allá de los intereses mercantilistas de las grandes empresas informativas y promover el acceso y las iniciativas de colectivos sociales y comunitarios al ejercicio real de la información y la comunicación. Por nuestra parte, las ONGD, como actores de creciente relevancia en este ámbito, deberíamos apostar por una *comunicación como desarrollo*, una comunicación educativa que parta de entender a nuestros y nuestras interlocutoras como sujetos activos, que genere conocimiento y transformación social.

Un camino de logros y consensos

El trabajo conjunto, el aprendizaje como actor colectivo, que las ONGD hemos realizado en las últimas décadas ha derivado en una serie de consensos y lineas de trabajo en el ámbito de la comunicación y el desarrollo que conviene recordar.

En primer lugar, contamos desde hace ya veinte años con el Código de Conducta en el que se recogen los criterios que rigen las actuaciones de las ONGD y el uso de imágenes y mensajes. Se trata de un documento que, desde el punto de vista comunicativo, coloca en el centro a las personas con las que trabajamos:

> «...situar como protagonistas de la comunicación a las personas, las situaciones y los pueblos del Sur y no a las ONGD y a sus miembros (...) promover la participación activa de las personas en la comunicación.»[2]

El Código de Conducta es más que una declaración de intenciones; son principios de responsabilidad ética consensuados y asumidos de forma conjunta por las ONGD integrantes de la Coordinadora Española y las Coordinadoras Autonómicas y proporciona un «marco de referencia» y un discurso sobre el desarrollo fundamentado en el reconocimiento de los derechos y en el empoderamiento

---

[2] Código de Conducta de las ONGD de la Coordinadora de ONGD de España, en http://www.congde.org/uploads/descargas/Codigo_de_conducta_2008.pdf (Consultado el 12/08/2009).

de las poblaciones. El documento aboga por una comunicación educativa que utilice un lenguaje alejado de tintes paternalistas y empapado por la perspectiva de derechos humanos; defiende el uso de imágenes no catastrofistas en las que las personas sean representadas de manera digna y como sujetos activos de sus propias vidas. En resumen, se trata de otorgar valor humano a las personas representadas e inteligencia al público al que nos dirigimos.

Por otro lado, con intensidad creciente se van desarrollando no ya proyectos de educación para el desarrollo y sensibilización, sino proyectos íntegramente relacionados con el derecho a la comunicación trabajando directamente con medios de comunicación comunitarios en el Sur; medios que permiten a las personas expresar sus opiniones, realizar sus propios análisis, difundir sus visiones, en definitiva, intervenir activamente en los procesos de comunicación y, consecuentemente, promover su propio desarrollo y el de sus comunidades. Pero además, esa perspectiva nos ha llevado a entender que el acceso a espacios en los medios de titularidad pública es una cuestión que debemos demandar, promover y defender. No se trata de rogar, sino de exigir el cumplimiento de un derecho reconocido legalmente y no materializado en la práctica.

El fortalecimiento de las relaciones con los medios ha sido otra de nuestras líneas de actuación, sobre todo para contrarrestar la tendencia general a ofrecer representaciones incompletas de los países en desarrollo y su ciudadanía. La construcción de relaciones más estables y rigurosas con los medios nos ha permitido contribuir de alguna forma a la presentación de informaciones más alejadas de lo que Ignacio Ramonet denomina «descarrilamientos mediáticos.»[3] Gracias a ello, hemos podido avanzar, no con pocas dificultades, en la construcción de una información más completa sobre los asuntos que nos ocupan.

3 «...el periodismo, hasta el ejercido por los medios más serios, no puede evitar manipulaciones, no pueden evitar mentiras groseras, no puede evitar ocultaciones, no puede evitar exageraciones, invenciones, es decir, una serie de disfunciones (...) que han permitido que (...) los medios de comunicación estén en parte desacreditados...» (Ramonet, 2008: 7)

Paulatinamente, la comunicación se ha ido convirtiendo en un instrumento básico de algunas de nuestras actuaciones, tales como el marketing y la captación, la sensibilización o la educación para el desarrollo. Si bien es cierto que la comunicación y sus propuestas se han introducido en nuestro quehacer diario, también lo es que podríamos conseguir mejores resultados si la integráramos de forma regular y sistemática en nuestras estrategias de actuación, así como en el ciclo del proyecto —desde la identificación, a la evaluación, pasando por la formulación y la implementación, prestando especial atención a nuestra capacidad de generar discursos y marcos de referencia que transformen la visión colectiva.

Los retos y propuestas de un proceso en marcha

Mirando hacia delante, en primer lugar debemos comenzar por la autocrítica y la autoexigencia. El primer reto con el que nos enfrentamos como Coordinadora posiblemente sea de carácter interno. Debemos abordar la elaboración de una estrategia de comunicación que integre el marco de valores compartido y que permita operativizar estas reflexiones en un plan de comunicación que aspire a incidir y a movilizar a la opinión pública y a la ciudadanía.

También hay que terminar de consensuar posiciones sobre temas relacionados con la temática de este seminario como puede ser nuestra visión sobre políticas públicas de comunicación y qué es lo que suponen para nuestra misión. Además, debemos ampliar el espacio que el sector otorga a estos asuntos, priorizar la comunicación como uno de los elementos esenciales del fomento del desarrollo.

El fortalecimiento de nuestra relación con los medios de comunicación alternativos y comunitarios es otro de nuestros desafíos; aunque contamos con experiencias exitosas en este sentido, todavía son minoritarios los proyectos que contemplan el trabajo directo con radios y televisiones comunitarias o con medios de comunicación alternativos o minoritarios

En cuanto a la relación con los medios masivos, observamos que de manera general ésta se ha basado en contactos directos con periodistas especializados que, indudablemente, han producido importantes resultados pero que, al mismo tiempo, pueden presentar ciertas limitaciones. Muy a menudo los periodistas se ven constreñidos por la lógica de funcionamiento del medio, por las tendencias espectacularizantes o por la rapidez exigida en la era digital. Por ello, definir una posición firme y conjunta ante los medios, a la que puedan unirse otros actores, y en la que se presenten tanto demandas como ofertas, contribuiría bastante a la construcción de alianzas con los medios de información.

Estas cuestiones se complejizan en el seno de la sociedad global en la que vivimos, en la que los modelos tradicionales de comunicación han sufrido grandes transformaciones. Los canales, formas y estrategias de comunicación se han modificado notablemente. Las nuevas tecnologías de la información abren amplias oportunidades al intercambio de informaciones, a la creación de vínculos y estrategias comunes. Aprovecharlos para fomentar la participación ciudadana es ante todo un deber que las ONGD debemos asumir para impedir que la vorágine comercial de los grandes conglomerados mediáticos se apropie también de este espacio.

Los numerosos desafíos que encontramos en nuestro camino vienen de la mano de propuestas que de manera consensuada presentamos a otros actores que intervienen en los procesos de comunicación en el ámbito del desarrollo. En el caso de la administración, consideramos que la promoción y el apoyo a los medios comunitarios deberían estar presentes en sus estrategias. La puesta en práctica del derecho de acceso a los medios de titularidad pública (tanto estatales como autonómicos) debería complementar esta línea de actuación. También es necesario avanzar en la revisión de los objetivos y funcionamiento de los medios públicos y su compromiso con el derecho a la información y a la comunicación, en línea con lo recogido hace más de veinte años por el Informe Macbride, de 1988:

> «La aplicación de una política nacional de comunicación debe inspirarse en tres modelos complementarios: en primer lugar, la transmisión de información de arriba abajo, es decir, desde los responsables políticos hacia los diferentes sectores de la sociedad, con

objeto de dar a conocer lo que a su juicio son los cambios necesarios de las actividades de desarrollo, las diversas estrategias y las consecuencias de cada una de ellas; en segundo lugar, un modelo horizontal en el cual la expresión y el intercambio de puntos de vista y de opiniones se efectúa entre lo diversos elementos sociales y sobre las diferentes reivindicaciones, aspiraciones, necesidades objetivas y móviles subjetivos; por último, la creación de dispositivos permanentes de participación que garanticen una corriente de información de doble sentido, entre los responsables políticos y todas las categorías sociales, con objeto de definir los objetivos y el orden de prioridad del desarrollo y decidir la utilización de los recursos» (Macbride, 1988: 440).

Por otro lado, la administración puede tener un rol dinamizador generando espacios y dedicando recursos para el apoyo de los procesos de comunicación; fomentar la reflexión, el intercambio de experiencias y la formación de profesionales. A los medios, por su parte, les corresponde asumir su responsabilidad como garantes del derecho a la información; principios como la independencia, el tratamiento ético de las informaciones, el respeto por los pueblos y las personas, la explicación rigurosa de las causas de los acontecimientos podrían formar parte de un código de conducta que guiara su trabajo. Y, por supuesto, los medios deberían destinar mayores recursos para cubrir la agenda del desarrollo.

Tal vez, como se señala con frecuencia, las ONGD llegamos con cierto retraso a este debate, pero contamos con ciertos elementos que nos deben permitir —si ponemos los medios adecuados— tener un papel más proactivo. Como organizaciones sociales trabajamos por una comunicación basada en un enfoque de derechos humanos con la ciudadanía como sujeto activo; defendemos una comunicación como bien público al servicio de los pueblos; entendemos que es necesario crear discursos y marcos de referencia que nos permitan configurar una visión global y transformadora sobre las causas de la pobreza, sobre los procesos de desarrollo y las propuestas de los pueblos. Hablamos de establecer relaciones de vinculación y participación, de acercar puntos de vista, de poner en contacto a personas y pueblos para forjar consensos para un mundo más justo… En resumen, y volviendo de nuevo a las palabras de Mia Couto, entendemos que se trata de unir voluntades.

Bibliografía

CONGDE. *Código de Conducta de las ONGD de la Coordinadora de ONGD de España, e*n http://www.congde.org/uploads/descargas/Codigo_de_conducta_2008.pdf (Consultado el 12/08/2009).

Erro, J. *Comunicación, desarrollo y ONGD*. Hegoa, UE, Gobierno Vasco. Bilbao, 2002.

González Álvarez, M.I., «Comunicación para la Solidaridad: las ONG y el papel de la comunicación social y periodística en la sensibilización de la opinión pública y el desarrollo», Tesis Doctoral en proceso de defensa en la UCM (Periodismo III), 2009

Gumucio, A. «Haciendo olas: historias de comunicación participativa para el cambio social». Red de la Iniciativa de Comunicación, 2004. (Consultado el 11/08/2009) http://www.comminit.com/en/node/150015/37

Hegoa. *Diccionario de Acción Humanitaria y Cooperación al Desarrollo de Hegoa*. Icaria. 2002.

Lakoff, G. y Johnson, M. *Metáforas de la vida cotidiana*. Cátedra, 1986.

Macbride, S. *Un solo mundo, voces múltiples. Comunicación e Información en nuestro tiempo*, Madrid, Fondo de Cultura Económica, 1988.

Martínez, R. y Lubetkin, M. (eds.) *Comunicación y desarrollo: en busca de la coherencia*. Fundación Carolina, Siglo XXI, UIMP. Madrid, 2008.

PNUD (año 2000), *Informe sobre el Desarrollo Humano, Programa de Naciones Unidas para el Desarrollo*, Mundi-Prensa, Madrid.

Ramonet, I. «La comunicación "desde" los procesos sociales» en Martínez, R. y Lubekin, M. (eds.) *Comunicación y desarrollo: en busca de la coherencia*. Fundación Carolina / Siglo XXI, UIMP. Madrid, 2008 (pp. 3-13).

X.

La reflexión de los partidos políticos

Norma Bernad Romeo[1]

Mi primera aproximación a la comunicación para el desarrollo se produjo en el verano de 2006, cuando la Secretaría de Estado de Cooperación al Desarrollo me invitó a participar en una intensa sesión de trabajo sobre comunicación con su equipo. El enfoque era trabajar la comunicación como una herramienta estratégica que nos facilita el logro de objetivos, en cuya definición y planificación debíamos contar con todo el equipo directivo de la SECI, además de los responsables de comunicación. Ese era el encargo de la propia Leire Pajín, y con ese objetivo trabajamos durante horas. El resultado final fue una verdadera toma de conciencia por parte del equipo de la necesidad de definir una estrategia de comunicación *a medio y largo plazo*, que permitiera orientar la comunicación de manera más eficaz a los distintos públicos y objetivos, y que tuviera también impacto en el objetivo último de la rendición de cuentas a una ciudadanía más concienciada y sensibilizada por los problemas de los países en desarrollo, fomentando así también su participación en los asuntos públicos.

Meses después, AECID elaboraba un Plan de Comunicación que respondía en gran parte a este objetivo. Finalmente, en la última comparecencia en el Congreso de los Diputados de la SECI, Leire Pajín planteaba la necesidad de incrementar el esfuerzo en comunicación y transparencia de la política de desarrollo como «un indicador clave en la mejora de los niveles de calidad de nues-

---

1 Coordinadora del Área de Comunicación de la Secretaría de Organización del PSOE.

tras democracias», mejorando así su relación con la ciudadanía. Un esfuerzo que debía ser compartido: «Tratándose además de una política de cooperación compartida y consensuada, que tiene la consideración de política de Estado, sinceramente es necesario que hagamos entre todos y todas un mayor esfuerzo por mejorar la comunicación institucional de esta política, tanto en sus objetivos y estrategias, como en los instrumentos para alcanzarlos». Además añadió: «Creo firmemente que a mayor información sobre la política de cooperación al desarrollo mayor será el nivel de confianza de la ciudadanía en el sistema de cooperación, en sus agentes y en su eficacia». Concluía diciendo que si la legislatura anterior se caracterizó, entre otras cosas, por incrementar los niveles de participación de los agentes sociales en la política de cooperación, en ésta fijaba el reto y la voluntad de «mejorar también la comunicación hacia la ciudadanía», comprometiéndose también a destinar los recursos necesarios para lograr este objetivo, en el que la educación para el desarrollo significa también una herramienta fundamental.

Pero mi aportación en este debate parte de mi experiencia, en el último año, como Coordinadora del área de comunicación de la Secretaría de Organización del PSOE. Es fruto, por tanto, de la consideración de la comunicación desde el punto de vista estratégico, para contribuir a lograr los objetivos de una organización compleja y singular como es un partido político. Por otro lado, conscientes o no de ello, la comunicación ha sido siempre una herramienta básica, neurálgica, del trabajo y de la acción de cualquier partido político a lo largo de la historia.

La complejidad de las sociedades actuales, los múltiples actores que intervienen en el proceso político, y los valores y la configuración del sistema mediático, etc., nos pueden hacer creer que ahora es más difícil que nunca lograr nuestros objetivos como organización a través de la comunicación. Sin embargo, considero que cada circunstancia histórica nos plantea sus propios retos, los que tenemos la responsabilidad de afrontar en cada momento. Contribuir como partido a que los ciudadanos conozcan y comprendan no sólo la necesidad de contribuir como país a la cooperación al desarrollo a través de la ayuda, sino que tomen conciencia de las causas que reproducen la pobreza y de nuestra responsabilidad global no es tarea fácil. Pero imagino que no menos difícil debió ser para los tipógrafos socialistas que fundaron nuestro partido abordar la tarea de hacer llegar sus mensajes a la clase obrera y mucho menos las relaciones de poder que daban lugar a las desigualdades sociales del momento. Y sin embargo, lo consiguieron.

En mi opinión, la comunicación política comparte con la comunicación para el desarrollo un objetivo básico que no podemos perder de vista. Se trata, ante todo de una comunicación persuasiva, cuyo objetivo no consiste sólo en informar, sino que aspira a cambiar actitudes y finalmente comportamientos. Es, en definitiva, comunicación para la acción y la transformación social. En el caso de un partido político, nos comunicamos para transmitir unos valores para que sean compartidos por una mayoría. Unos valores que ofrecen marcos de análisis para comprender los problemas sociales; valores que sustentan las acciones de un gobierno o las alternativas cuando estamos en la oposición, pero que finalmente pretenden que se traduzcan en cambios de actitudes, en acciones de apoyo de la ciudadanía, en participación de los ciudadanos en la elaboración de nuestro discurso público y por supuesto, también en su máxima expresión en sistema democrático que es el voto en unas elecciones.

Lo que quiero transmitir con esta primera idea, son dos cuestiones. La primera, es que la novedad hoy es que las organizaciones dedicamos más esfuerzos y recursos, a la comunicación con una ciudadanía, con más acceso a la información y por cuya atención hoy competimos todos. Y para ser más eficaces, nos servimos de una estrategia comunicativa para lograr nuestros objetivos. La segunda es que los partidos políticos compartimos con las organizaciones sociales, con las administraciones públicas y los propios ciudadanos, las barreras del actual sistema mediático que dificultan una verdadera comunicación con los ciudadanos.

Sin embargo, considero que las ONGD, los diferentes agentes implicados en la cooperación al desarrollo y los partidos políticos tenemos hoy muchas más oportunidades para trabajar en lo que creemos, y hacer que cada vez más ciudadanos crean y participen en lo que hacemos. Vivimos un momento muy difícil para millones de ciudadanos en los países desarrollados, y un momento de emergencia en los países en desarrollo. Todo ello como consecuencia del colapso de un sistema financiero sin reglas, ni límites ni control que ha determinado el actual sistema de globalización económica y social que conocemos.

Desde el inicio del proceso de globalización al que hemos asistido, han surgido voces desde la sociedad civil, primero aisladas y solitarias, y luego conectadas y empoderadas por el apoyo ciudadano, que han cuestionado el modelo de globalización económica auspiciado por la hegemonía del pensamiento económico neoliberal. Pero la configuración de poderosos grupos mediáticos, guiados por la lógica del propio sistema, imponían marcos discursivos homogéneos y excluyentes, convirtiéndose así en herramientas ideológicas al servicio del pensamiento único. Un sofisticado proceso de empaquetado de la «realidad» preparado para el consumo de una cultura de masas que no es neutro ni inocente, y que sumado al proceso de concentración de medios, ha supuesto una importante merma de la diversidad mediática y de la pluralidad de opiniones y de información.

Los partidos políticos no hemos sido ajenos a este proceso. La relación con los medios es una relación de interdependencia. Los partidos somos una fuente básica de información y noticias, y los medios son un instrumento básico para una relación mediatizada, pero imprescindible, con los ciudadanos. Entretanto se produce una relación compleja en la batalla por la agenda, donde la relación de fuerzas suele ser desigual. En este sentido, los partidos políticos, concretamente los partidos de la izquierda, hemos acabado por asumir demasiados marcos (*frames*) propuestos por los medios, que nos colocaban en clara desventaja comunicativa frente a las opciones neoliberales. Sobre todo porque aceptábamos el terreno de juego del adversario antes de comenzar el partido. De la mano de Lakoff aprendimos la importancia estratégica de esta premisa, y después de demasiadas derrotas electorales, finalmente comprendimos hasta qué punto los marcos discursivos organizan las maneras de ver y entender el mundo global.

En este contexto de inicio de la globalización económica desbocada, a finales de los años noventa, comenzamos en el PSOE la batalla por la Agenda del Desarrollo… y el partido comenzó en nuestra propia casa. El primer paso para colocar en la estrategia de comunicación de un partido una determinada política es logar que forme parte de la *agenda política* de la dirección. Es evidente, pero lo más complejo es logar este primer paso. Hasta el año 2000, y sólo después de una contundente mayoría absoluta del Partido Popular, el partido celebra un disputado Congreso con cuatro candidatos en liza. Nueve votos darán la mayoría a José Luís Rodríguez Zapatero, que es elegido Secretario General del PSOE. Comienza una nueva etapa, con la dirección renovada que cuenta con todo el apoyo y todo el escepticismo de los dirigentes del partido y de los ciudadanos. Es decir, comienza la tarea para construir un proyecto alternativo al Partido Popular, capaz de ilusionar a una mayoría social que acaba de otorgar al PP la mayoría absoluta. En esa etapa, la política de cooperación al desarrollo es considerada una más de las competencias de la nueva Secretaría de Movimientos Sociales, que asume una joven de 23 años, Leire Pajín.

El primer reto al que se enfrentaba entonces el PSOE era el de recuperar la credibilidad perdida con el tejido social en todos sus ámbitos. Se intensifica la colaboración y la escucha activa con los movimientos sociales. Organizaciones sociales que ante la ofensiva neoconservadora de la segunda legislatura del PP comienzan a movilizarse progresivamente, hasta culminar en la movilización ante la catástrofe del Prestige, una huelga general, y finalmente las multitudinarias movilizaciones contra la guerra de Iraq.

Para entonces la Secretaría de Movimientos Sociales del PSOE había reconstruido una estrecha relación con las organizaciones sociales, sobre la base del respeto y el reconocimiento de su trabajo y la incorporación de gran parte de sus reivindicaciones en nuestro discurso público, culminando en el apoyo y la movilización de sus bases en las distintas acciones que lideraba la sociedad civil.

Como señala Laura Cárdenas (2008), «la participación activa de los ciudadanos y de la sociedad civil en los procesos de toma de decisiones y la construcción de políticas es considerada hoy una inversión segura, y el elemento central del buen gobierno». Efectivamente, la trayectoria de este partido confirma también este presupuesto. El gran acierto del PSOE en su etapa de oposición fue tener en cuenta que la palabra más importante es siempre la del otro, la que nos permite escuchar. Porque escuchar es la comunicación más importante de todas para un partido, y a la que paradójicamente se le suele prestar menos atención. Primero hay que escuchar y entender, para luego poder desarrollar un mensaje con posibilidades de ser escuchado. Pero ese camino no está exento de dificultades. En relación con la comunicación del discurso del PSOE en materia de cooperación al desarrollo, por ejemplo, la participación de Leire Pajín, en representación del PSOE, en Portoalegre, en el Foro Social Mundial, constituyó para muchos medios de comunicación una noticia, enmarcada eso sí, como un elemento de radicalidad en el discurso del PSOE.

La incorporación de la política de cooperación al discurso del Secretario General, José Luis Rodríguez Zapatero, constituye el avance más importante en este partido en términos de eficacia comunicativa de la política de cooperación. Me explicaré. Gran parte de los mensajes de un partido político llegan a los ciudadanos a través de los medios de comunicación masivos, mayoritariamente a través de la televisión, seguida de la radio, y en menor medida a través de la prensa.

Pero eso no puede hacernos caer en el error de pensar que nuestra comunicación a través de los medios tendrá capacidad de influencia en la sociedad en general. A través de los medios podemos aspirar, en principio, a reforzar determinadas conductas, en aquellos públicos predispuestos a atender nuestros argumentos. Por tanto, para un público compuesto por parte de la sociedad civil organizada que estaba movilizándose exigiendo un compromiso firme de nuestro país en cooperación al desarrollo, la eficacia de un mensaje en el que ellos mismos habían participado, era muy alta. Incluso el marco propuesto por los medios para tratar este tipo de información en el contexto de las movilizaciones antiglobalización, lejos de restar eficacia podía incluso reforzar su apoyo a esta política.

Por otro lado, gran parte de los votantes y simpatizantes del PSOE compartían la esencia de estas propuestas, si bien el contexto «antiglobalización» destacado por los medios podía resultar una barrera inicial en un momento en el que el PSOE tenía que ser visto como una opción «seria y solvente» de gobierno. Pero, afortunadamente, antes incluso de que las nuevas tecnologías nos ofrecieran nuevos canales, nuevos formatos y la posibilidad de reestablecer una relación directa y permanente con los ciudadanos, sin intermediarios, este partido ha contado siempre con una poderosa herramienta de comunicación altamente persuasiva: la comunicación interpersonal de nuestros militantes y simpatizantes. Y para ello, la incorporación de la política de cooperación en el corazón de la agenda política y del discurso de nuestro Secretario General ha sido tremendamente eficaz.

A partir de entonces nuestra organización comienza a incorporar a su discurso público la defensa de la política de cooperación como una política de estado de nuestra política exterior. Y conforme se acercan la elecciones de 2004 el PSOE intensifica aún más su trabajo con la sociedad civil, en todos los sectores, para la elaboración del programa electoral. Cientos de organizaciones participan en su elaboración y finalmente, una Conferencia Política aprueba un programa en el que siempre hay que conciliar intereses muy diversos. Sin embargo, para entonces el trabajo desarrollado permite no sólo la aceptación del compromiso efectivo del incremento de la ayuda al desarrollo (0,33% en 2008 y 0,7% en 2012) y de abrir el modelo de cooperación a la participación real de las ONGD en el diseño e implementación de las políticas públicas de cooperación. Se va más allá dando pasos hacia la transversalidad de una política que afecta necesariamente a otras esferas políticas, y en el apartado dedicado a Cooperación al Desarrollo encontramos que la coherencia de las políticas al desarrollo se destaca como un principio rector de la misma, así el compromiso con relación no sólo a la cantidad, sino también a la calidad de la ayuda, y una primera mención al objetivo de la movilización de la opinión pública, que se concreta en la recuperación del «Consejo de Cooperación como órgano de concertación capaz de promover una pujante dinámica social a favor de la causa del desarrollo».

El 14 de marzo de 2004, el PSOE gana las elecciones generales y comienza la tarea de gobierno. El Presidente del Gobierno señala en su discurso de investidura el 15 de abril de 2004, que el segundo eje de gobierno será la política exterior y sitúa a la cooperación al desarrollo como «un elemento esencial de nuestra política internacional». La entonces responsable de Movimientos Sociales del PSOE es nombrada Secretaria de Estado de Cooperación, del Ministerio de Exteriores «y Cooperación». La dinámica con relación a la comunicación del PSOE en materia de cooperación continúa consolidándose durante la primera legislatura de gobierno a partir de las dinámicas que les he señalado.

En el 36 Congreso del PSOE, celebrado meses después de la victoria electoral, la política de cooperación se confirma como un elemento estratégico de nuestra política exterior, y a pesar de que la entonces Secretaria de Estado de Cooperación pasa a ocupar una secretaría ejecutiva «sin cartera», y que la política de Cooperación al Desarrollo continúa adscrita a la Secretaría de Movimientos Sociales, ésta se visibiliza ya como una de las señas de identidad de nuestro proyecto de gobierno, con consecuencias directas en cierto empoderamiento de las Secretarías que ostentan esta responsabilidad en todo el territorio. El mayor logro de la etapa de gobierno *en términos de comunicación* ha sido lograr un alto consenso por parte de todas las fuerzas políticas en materia de cooperación. Precisamente en una legislatura marcada por la confrontación sistemática y la ruptura de los consensos en materias de Estado.

Aunque cabe destacar que la ausencia de controversias en el ámbito político en cualquier materia, conlleva con frecuencia que sean «otras noticias» las que acaparen el espacio y la atención de los medios. Sin embargo, también aquí se lograron impactos mediáticos positivos, aunque siempre nos parezcan insuficientes.

Cercanas ya las elecciones de 2008, las ONGD tomaron la iniciativa para consolidar este consenso e intentar salvaguardarlo de los posibles cambios de gobierno ante unas elecciones. Una iniciativa muy oportuna, a la vista que en ésta legislatura el PP sí ha sido el único partido que ha roto el consenso en la materia, votando en contra del III Plan Director de Cooperación para el Desarrollo 2009-2012 en la Comisión Interterritorial, oponiéndose así al conjunto de los agentes sociales, incluidos los sindicatos y la CEOE, que aprobaron el Plan por unanimidad en el Consejo de Cooperación.

El programa electoral del PSOE profundiza en su apuesta por la cooperación, y además de ocupar un capítulo del mismo, tiene su presencia transversal en todos aquellos ámbitos que permiten garantizar la coherencia, no sólo del discurso, sino de las mismas políticas. Incluye también una mención concreta al compromiso de trabajar en el desarrollo de iniciativas que acerquen y hagan partícipe a la sociedad de nuestra política de cooperación.

Pues bien, en esa nueva convocatoria electoral, el Partido Popular elabora también su programa, con vocación, entendemos, de conectar con una mayoría social que les permitiera la victoria. Para entonces el PP tampoco es ajeno al apoyo de la sociedad española a la política de cooperación desarrollada por el Gobierno, con el apoyo de todos los partidos, y consideramos un avance incluso, en términos de comunicación para el desarrollo, que plagiaran en su programa el balance y las propuestas del PSOE en política de cooperación.

Finalmente los españoles, en este punto, me atrevo a afirmar que premiaron la credibilidad y la coherencia de las propuestas del PSOE y nos otorgaron una mayoría aún más amplia en las elecciones de 2008. Pero la tarea, de gobierno y de comunicación para el desarrollo, se complicó para todos con el estallido de la crisis. Aunque también considero que nos ha ofrecido nuevas oportunidades, desenmascarando por su falacia el marco principal de que éste era el único modelo de globalización económica posible, el único capaz de generar crecimiento. Mientras sufrimos sus consecuencias, ahora ya se ha confirmado para la mayoría, que ni era el único, ni era justo, pero tampoco era eficaz. La interdependencia global de los actuales procesos económicos y sociales se ha hecho más evidente que nunca, lo cual nos sitúa en un escenario mejor para nuestros objetivos de comunicación para el desarrollo.

Volviendo al ámbito de la comunicación como partido. El 37 Congreso del PSOE sitúa a la política de cooperación en la cuarta secretaría de la dirección política: la Secretaría de Política Internacional, y ahora también, de Cooperación al Desarrollo. Asumiendo así un papel todavía más proactivo en esta materia. Pero sin lugar a dudas, en el esquema de funcionamiento de un partido como el PSOE, la elección de Leire Pajín como Secretaria de

Organización del PSOE es visualizado como un reconocimiento político tácito a su tarea al frente de la Secretaría de Estado de Cooperación y supone la confirmación de la política de cooperación como uno de los pilares básicos del proyecto del PSOE en el siglo XXI. Y el portavoz de cooperación del PSOE, Eduardo Madina, es elegido Secretario del Grupo Parlamentario Socialista unos meses después.

Como le hemos oído decir muchas veces a Leire Pajín, su compromiso con la cooperación es un compromiso ciudadano, que entiende más allá de la política. El 15 de octubre de 2009, la Secretaria de Organización estrenó su blog, a través del cual mantiene una relación directa con la ciudadanía que anda enredada en internet. Podíamos haberla estrenado antes, todos sabemos que en un par de días, uno puede diseñar una herramienta como esta. Pero quiso esperar a este día para hacerlo coincidir con el blog Action Day, que este año se dedicaba al debate sobre la pobreza. Inauguraba así su cuaderno: «Mañana será 'oficialmente' el día en el que presente este blog, un día que espero sea movido en este mundo de la blogosfera, no por esta presentación sino porque es el blog Action Day, y este año hablamos de la pobreza. No es una coincidencia que empiece a escribir de nuevo el blog cuando se habla de pobreza, he querido que así sea pues define perfectamente qué es lo que quiero contaros y cómo soy yo. No vale el chiste fácil, me refiero a mi compromiso con la lucha contra la pobreza.»

No quiso por tanto una presentación exclusiva de su blog, sino aprovechar su blog para incentivar la participación de toda la blogosfera progresista en este día, y atraer también la atención de los medios con respecto a esta acción mundial colectiva a través la presentación de su blog. Un mes antes, con motivo del día del cooperante, el PSOE abrió también un canal en YouTube dedicado a la cooperación y lanzó un vídeo de agradecimiento al trabajo de los cooperantes, en que participaron la Secretaria de Organización y la Secretaria de Política Internacional y Cooperación. A partir de estos comienzos, siempre ha tenido una mirada hacia la cooperación en todas y cada una de las conferencias que ha dado como secretaria de organización, incluyendo, por supuesto, los desayunos informativos. Pero lo más relevante, en mi opinión, es la incorporación de esta perspectiva, en todas sus intervenciones públicas, especialmente en las ruedas de prensa de los lunes, en las que se marca el posicionamiento político del PSOE en lo que consideramos «nuestra agenda» de la semana.

En el último año la economía ha sido una constante en todas las ruedas de prensa, pero también lo ha sido el hecho de que en todas aquellas ruedas en las que hemos marcado la agenda en el ámbito de la economía internacional, de diferentes cumbres, en todas ellas, sin excepción, la secretaria de organización del PSOE ha destacado su relación con las políticas de cooperación al desarrollo. No es menos cierto que la agenda de los medios apenas ha coincidido con la nuestra en este punto, y por lo tanto han preferido destacar, la mayoría de las veces, otros elementos de la rueda de prensa. Pero como señalaba anteriormente, nuestra comunicación no sólo se realiza a través de los medios, cuya importancia tampoco podemos despreciar. Más bien debemos trabajar para consensuar también agendas político-mediáticas que incorporen la cooperación al desarrollo en sus enfoques en el tratamiento de noticias desde la responsabilidad compartida, pero también desde el rigor y la verdad que exige el buen periodismo y la buena política.

Pondré dos ejemplos muy recientes y de manera muy sintética:

1. La espectacularidad o el dramatismo son factores de noticia en el actual sistema de información que comprendemos, aunque no siempre compartimos. Sin embargo estos criterios, no justifican, en mi opinión, que una nube de mosquitos que obliga a regresar al avión del Presidente y cuya consecuencia última fue un retraso en el regreso de su vuelo, merezca prioridad informativa y jerárquica sobre el objeto del viaje a Togo del Presidente del Gobierno para apoyar la abolición de la pena de muerte en sede parlamentaria.
2. Por otro lado, el tratamiento más sosegado y profundo que se presupone al género periodístico de opinión, tampoco se ajusta de ninguna manera a algunos artículos como el de un afamado periodista español, titulado «*Zapatero, de King África*» publicado en ABC el 26 de junio de 2009. Un conjunto

de tópicos caducos y estereotipos peligrosos, que manosean la realidad y constituyen un burdo ejercicio del periodismo más irresponsable. Un periodismo, con el que, en mi opinión, no cabe sinergia ni consenso alguno en materia de política de comunicación al desarrollo, puesto que sirven, sin pudor alguno y con ardor guerrero, a unos intereses que están en el origen del problema que nos ocupa.

Afortunadamente, en la actualidad, los ciudadanos, y con mayor interés los militantes, simpatizantes y los dirigentes del PSOE en sus distintos niveles y territorios, pueden seguir en directo por nuestra web y nuestra televisión todas las ruedas de prensa y la mayoría de las intervenciones públicas al mismo tiempo que se ofrecen a los medios. De esta manera, el acceso directo a la fuente de información, la accesibilidad en cualquier momento que ofrece la red, nos permite llegar a mucha más gente, y como decía antes, a ese público que sí le da valor a esa mirada trasversal de la política de cooperación y que luego traslada e incorpora al discurso público. Ese discurso que se enriquece y gana profundidad con la participación de todos.

Para concluir y a modo de resumen:

- El primer paso para lograr la eficacia de una política de comunicación para el desarrollo en un partido político es que forme parte, primero, de la agenda política del partido, y por tanto, de su estrategia de comunicación.
- Por otro lado, la incorporación al discurso político de los principales dirigentes del partido, y de su máximo representante, constituye el elemento básico para lograr una coherencia de políticas y programas, que se acaba trasladando al discurso público de todo el partido.
- La eficacia de cualquier estrategia de comunicación pasa por que sea conocida, reconocida y asumida por toda la organización, desde la dirección política hasta sus bases, pasando por sus múltiples portavoces.
- Estos mensajes deben ser trasladados de manera coherente y sostenida en el tiempo, aprovechando los canales más eficaces

y adecuados para llegar a cada uno de los diversos públicos sobre los que podemos tener capacidad de influencia.

- Debemos lograr espacios de encuentro en la batalla por la agenda de medios y partidos, en un momento en el que el interés ciudadano por los asuntos globales se ha incrementado.
- Las nuevas herramientas y los nuevos formatos digitales de comunicación son una oportunidad para la comunicación de los partidos políticos en la que todavía tenemos que profundizar mucho más. Y que el PSOE ha incorporado a su tarea diaria.
- La eficacia de nuestra estrategia debe basarse en continuar teniendo una escucha activa permanente con la sociedad civil.

Por último, considero que la esencia básica de nuestro mandato constitucional, como partidos políticos, reside en nuestra obligación de promover mecanismos que profundicen en la democracia. Y la participación de la ciudadanía, más allá de las elecciones, es el elemento más necesario para legitimar nuestro sistema democrático en el siglo XXI. En esa tarea trabajamos con toda la vocación y toda la pasión de la que somos capaces.

Cuarta Parte
Experiencias de la comunicación del desarrollo

XI.

Periodistas y ONG: repensándonos, reencontrándonos

Jordi de Miguel[1]

«No puede ser que el mundo nos lo expliquen las ONG». Con esta contundencia, un reputado periodista catalán trataba de zanjar recientemente un debate que, bajo el título «Informar o denunciar», buscaba delimitar los márgenes entre las funciones de sensibilización de las organizaciones no gubernamentales y el deber periodístico de radiografiar una realidad que merece ser transformada.

No es un debate menor. Entre otras cosas, porque el modelo de las ONG españolas es eminentemente mediático. Su «boom» a mediados de los ochenta responde, en gran medida, a la alianza que se establece con unos medios de información ávidos de nuevos actores sociales, atractivos para una audiencia, sobre todo la joven, cansada de unas instituciones políticas anquilosadas. A través de los medios las organizaciones no gubernamentales irrumpieron y se legitimaron en la opinión pública. Sin embargo, como apuntan Javier Erro y Teresa Burgui, con el tiempo acabaron pagando el precio de fijar su acción comunicativa en un modelo de solidaridad mediática (Erro y Burgui, 2004: 216). En adelante, el flujo de informaciones solidarias quedaría a expensas de las lógicas imperantes en los medios. A los años del romanticismo siguieron los del compás marcado por las exigencias del mercado: los valores de la espectacularidad, coyuntural y poco razonada, limitaron su aparición en los medios, conduciendo a los aparatos comunicativos de las ONG a un callejón con apenas salida. Algunas,

[1] Equipo del área de comunicación de la Fundación Chandra.

resignadas, no tuvieron más remedio que «pelearla» en este nuevo escenario. Otras perdieron sus señas de identidad por el camino. La competencia por salir en los medios provocó un desajuste en la posibilidad de formar alianzas con otras ONG y en la naturaleza misma de los mensajes difundidos. Usando la terminología de Sampedro, Jeréz y López Rey (2002), las noticias promocionales y consensuales (destinadas a obtener recursos para poner en marcha proyectos, a informar sobre su desarrollo y a sensibilizar con intenciones recaudatorias) fueron ganando peso, hasta dejar en una posición secundaria a los mensajes de carácter conflictivo, mucho más apegados al ideario de las organizaciones, en tanto y cuanto revelan causas de situaciones injustas y proponen alternativas.

Grandes y pequeños recelos

¿Perdió validez esta fotografía? ¿Cómo nos percibimos y relacionamos periodistas y ONG? ¿»Por qué no salen nuestras noticias»? Nuestra experiencia nos dice que, veinte años después, el desconocimiento y la desconfianza latente entre ambos colectivos impide que el interés por sensibilizar, ofreciendo nuevos enfoques desde los medios, se plasme en maneras de hacer efectivas. En los diversos foros organizados por la Fundación Chandra para estimular la reflexión colectiva entre periodistas y ONG, es habitual encontrar recelos (pequeños, medianos y grandes) a determinadas prácticas, que enseguida son señaladas como las causantes de una obstrucción involuntaria.

Situándonos en un plano instrumental de la comunicación, los periodistas lamentan, por ejemplo, el bombardeo de mensajes promocionales y consensuales a que son sometidos: las ONG «venden» su marca mandando notas de prensa densas, vacías de historias humanas que valga la pena contar. Los periodistas buscan relatos, cuanto más personales y particulares mejor, no cifras rimbombantes, opacas y abstractas a ojos del lector. Piden también nuevos formatos en sus comunicaciones, que las ONG innoven y acompañen sus informaciones con vídeos, fotos y enlaces, y que sepan empatizar con sus ritmos de trabajo. Es decir, que conociendo los quehaceres profesionales y sus limitaciones (desde la falta de horas hasta la imposibilidad de contextualizar la información), sepan adaptar sus mensajes y su relación con los periodistas. Otra constatación no menos relevante aportada por los medios es que, unidas en la defensa de una causa (sea a través de federaciones de ONG o coaliciones coyunturales), los mensajes encontrarían más eco en los medios.

Las organizaciones no gubernamentales, por su parte, reclaman su papel como fuente de información. Piden su lugar como distribuidoras y productoras de análisis completos de la realidad y como portadoras de valores necesarios para transformarla, y no ser relegadas, en el mejor de los casos, a «secciones cajón de sastre» como «sociedad». Desesperan porque, en la mayoría de casos, su comunicación cae en saco roto. Sus técnicos no se sienten tratados al mismo nivel por sus colegas: ignoran cómo luchar contra una lógica empresarial que les supera y unas rutinas de producción incompatibles con sus intereses comunicativos, y piden a los periodistas una especialización y unos conocimientos de lo social que a menudo no tienen. Aun así, a pesar de todas las limitaciones (las impuestas, las heredadas y las fomentadas a conciencia), las ONG siguen confiando en el poder de los medios de comunicación de masas «tradicionales» como las mayores fuentes de legitimación e incidencia en la opinión pública.

Una prueba de ello es el uso que hacen de Zona ONG, proyecto de la Fundación Chandra con el que se pretende mejorar la comunicación entre ONG y medios de información a través de la publicación y envío de notas de prensa y comunicados a una base de datos de medios común. El espacio, además, permite calendarizar y visualizar convocatorias de prensa por provincia, compartir experiencias, dudas y reflexiones en forma de foro, y usar y ampliar una biblioteca con documentos relevantes sobre comunicación y desarrollo. En algo más de un año de vida, se han registrado más de 850 responsables de comunicación de entidades del tercer sector, mientras que la base de datos de periodistas y medios de comunicación ha superado los 1100 miembros; a través de Zona ONG se han enviado más de 2200 notas de prensa y convocatorias, lo que da la medida de la necesidad sentida de las organizaciones (grandes, medianas y pequeñas) por atraer la atención de los medios. Según la última encuesta realizada con los responsables de comunicación registrados en Zona ONG, lo que más valoran las organizaciones es la posibilidad de potenciar la relación con redes de periodistas sensibilizados, promover una red de ayuda mutua para resolver dudas y dificultades concretas sobre tareas comunicativas y formarse en cuestiones relacionadas con la comunicación para el desarrollo. Las respuestas arrojan luz sobre la necesidad de reformular el papel de la acción comunicativa de las ONG en relación con los objetivos marcados como organización, la voluntad de romper con el aislamiento entre las propias entidades y el deseo de crear vínculos estrechos con periodistas sociales. Éstos, sin embargo, previenen: no nos encontramos ante el mejor momento para hacer periodismo solidario. Como quedó patente en el encuentro «Comunicación y desarrollo: pasos hacia la coherencia» organizado por IPS News con la colaboración de la AECID en la Universidad Menéndez Pelayo de Santander, la profesión vive momentos de zozobra y desorientación. Los redactores especializados lamentan el estado de precariedad laboral que la actual crisis económica ha multiplicado: una losa más que se añade a la rigidez impuesta por las rutinas de producción y por la falta de sensibilidad e interés que encuentran en sus superiores.

¿Reencuentro o redefinición profesional?

A pesar de lo oscuro del panorama, algunos siguen agarrándose a las grietas del actual ecosistema comunicativo español, por las que los enfoques solidarios pueden hacerse un lugar en la selva de papel. Según esta teoría, la competencia (entre empresas periodísticas y en segundo término entre redactores), la competitividad y la misma naturaleza conflictiva de la realidad actúan como catalizadores de las aberturas que habrán de aprovechar los periodistas con sensibilidad social (Giró, 1999). Otros, tal y como afirmó en Santander el ex-director de *El Periódico de Catalunya*, Antonio Franco, apelan a un reencuentro de una profesión que desde la transición no ha sabido, querido o podido ejercer su función de servicio público.

En cualquier caso, no es posible hacer un llamado a la redefinición de la profesión periodística sin atender a las consecuencias que supone el cambio de paradigma comunicativo que vivimos. Si el periodismo quiere reencontrarse consigo mismo para volver a seducir a la ciudadanía, primero tendrá que asumir que ésta ya no es la misma. Que ha dejado de ser una masa de lectores, televidentes u oyentes que leen, ven y escuchan. Que gracias a las insaciables innovaciones tecnológicas la ciudadanía, ahora, cuestiona, interpela, recomienda, enlaza e interviene. Ha dejado de ser un lector o una televidente, para convertirse en un usuario exigente, con alternativas a su alcance para informarse con rigor de los temas que le preocupan. Por el momento, pocos medios de información «tradicionales» se dan por aludidos. Siguen desaprovechando las oportunidades que ofrece el desarrollo de las nuevas tecnologías de la comunicación, haciendo caso omiso de las exigencias que impone la posibilidad de interactuar con la audiencia. En la nueva era de las redes sociales, el periodismo sigue jugando al siglo XX.

Algunas ONG, por su parte, sí se han puesto las pilas. Como apuntó en las jornadas Antonio González, vocal de comunicación de la Coordinadora de ONG para el Desarrollo (CONGDE), gracias en gran parte al desarrollo de herramientas de comunicación 2.0 las organizaciones han dejado de ser sólo consumidoras y fuentes de información, para también empezar a producir sus propios medios. Con su uso, sus estrategias comunicativas se aproximan a la misma naturaleza de los valores que abanderan: horizontalidad, colaboración, participación, transparencia, dinamismo y gestión democrática.

El empleo de redes sociales les permiten dejar atrás el anonimato para dirigirse a ciudadanos con nombre y rostro que comparten sus mismos intereses. Pasan de informar a comunicar, es decir, de mostrar a construir juntos nuevos significados que transformen la realidad. Aun así, todavía estamos lejos de que la incorporación de herramientas 2.0 en el día a día de las ONG (que ni mucho menos es extendida) tenga su correspondencia en el plano cultural.

Es decir, que los valores encarnados en herramientas y estrategias de comunicación tengan su correspondencia en la manera en que se organizan y funcionan internamente las entidades y en cómo desarrollan sus proyectos para la transformación social.

No sólo cuestión de redes, también de contenidos

Mientras tanto, la ciudadanía parece asumir que los medios han dejado de lado su función de servicio público. Según la última encuesta realizada por la Agencia Catalana de Cooperación al Desarrollo (2009), la mayoría obtiene información sobre temas sociales a través de los medios de comunicación, pero para más del 46% esta información es poco fiel a la realidad. Además, tres de cada cuatro personas creen que los medios deberían informar más sobre temas sociales. Eso sí, cuando se les pide qué creen que estos medios pueden hacer para reducir la pobreza y las desigualdades, la respuesta es contundente: más de un 51% afirma que nada.

La desafección hacia los medios de información «tradicionales» no puede entenderse sólo, entonces, como un castigo a su falta de sincronización con los nuevos usos comunicacionales de la ciudadanía. La escasa presencia de información con enfoques sociales novedosos y la baja calidad de sus contenidos merman también la confianza en los medios.

En este punto, las ONG piden la palabra. Si en la era de las redes sociales, el periodista debe ser, ante todo, un facilitador de conversaciones, como afirma Francis Pisani, las organizaciones reclaman su papel como «emisoras» de múltiples voces. Por la misma naturaleza de su trabajo, las ONG tienen acceso a testimonios directos, contactos locales y análisis exhaustivos de la realidad del Norte y del Sur. Voces que a menudo no están al alcance de los profesionales, por incapacidad de las ONG para hacérselas llegar o por no disponer éstos de herramientas que les faciliten el contacto con las organizaciones. Para responder a esta situación nace Ekoos.org, proyecto que estimula y permite el intercambio de información entre más de 1500 periodistas de todo el Estado español y otras tantas fuentes expertas en temáticas sociales: cooperación, derechos humanos, inmigración, acción humanitaria, conflictos y paz, discapacidad, economía, exclusión social, medio ambiente, salud y comunicación, entre otros.

La herramienta permite que periodistas sociales accedan a información de calidad mediante la realización de consultas abiertas. Además, con Ekoos.org, los profesionales de la comunicación pueden intercambiar información entre ellos, o directamente con una organización en particular para conocer más exhaustivamente la realidad sobre la que trabaja. Un 83% de los periodistas que usan el servicio de consultas consideran útiles las respuestas obtenidas, y el 97% de los usuarios cree que es necesario un proyecto de estas características. Hasta ahora, la respuesta de las fuentes de información (entre las que se encuentran profesionales de ONG y otras entidades del tercer sector, profesores universitarios y consultores) ha sido también muy buena: en estos primeros dos años han respondido a casi 600 consultas.

Por un lado, los periodistas son conscientes de que, dado el panorama del ecosistema comunicativo español, sin nuevos enfoques que les aporten calidad y singularidad, sus noticias difícilmente se ganarán un espacio en los medios. Las ONG, por su parte, saben que ateniendo con eficacia sus demandas y cuidando las relaciones con profesionalidad, hay más posibilidades de generar estrategias conjuntas que redunden en más contenidos para la transformación social de calidad. Algunas, como por ejemplo las Federaciones Catalanas de ONG de Paz, Derechos Humanos y Desarrollo, y la Federación Catalana de Voluntariado Social, incluso dan un paso más allá, suscribiendo acuerdos de colaboración con periodistas colegiados para procurar una mayor atención de los medios de información sobre las problemáticas que tratan las organizaciones.

En definitiva, la recuperación de la confianza de la ciudadanía hacia los medios no será posible sin una nueva alianza entre periodistas y ONG, que parta de la autocrítica y de la reubicación de los dos colectivos en un nuevo paradigma comunicativo. Para ello son necesarias la buena voluntad y la limpia de prejuicios, pero también herramientas prácticas que faciliten el acercamiento necesario para afrontar los nuevos retos desde la complicidad.

Bibliografía

ERRO, Javier y BURGUI, Teresa (2004). «¿Descubrirán las Organizaciones No Gubernamentales de Desarrollo (ONGD) qué significar comunicar?» En ENCINA, Javier; PINO, José A.; SIERRA, Francisco y ROSA, Montse (coords.): *Participación, comunicación y desarrollo comunitario*. Sevilla: Diputación de Sevilla.

GIRÓ, Xavier (1999). *La premsa i el sud: informació, reptes i esquerdes*. Barcelona: Solc.

SAMPEDRO BLANCO, Víctor; JEREZ, Ariel; y LÓPEZ REY, José A. (2002): «ONGs, medios de comunicación y visibilidad pública. La ciudadanía ante la mediatización de los mensajes sociales», en REVILLA BLANCO (ed.). *ONG y participación política.* Madrid: Istmo, pags 251-287.

XII.

La crisis de Anesvad y su cobertura mediática: características y repercusión en el sector de las ONGD

Hildegart González Luis[1]

Las Organizaciones no Gubernamentales de Desarrollo (ONGD), como el resto de agentes que trabajan en el campo de la Cooperación al Desarrollo, necesitan que la opinión pública conozca, comparta y respalde de forma activa las acciones que emprenden para conseguir la misión para la que se crearon. La Comunicación para el Desarrollo es la pieza clave que permite a las ONGD conseguir estos y otros objetivos que se han marcado.

La evolución comunicativa que estas entidades han experimentado en las dos últimas décadas, azuzadas en gran parte por reflexión interna y externa[2] sobre las posibilidades y riegos que la misma tiene para el sector, permiten afirmar que ésta se encuentra en una fase incipiente de su madurez. Sin lugar a dudas, son uno de los agentes de la Cooperación más conocidos entre la opinión pública; cuentan con una cantidad significativa de ciudadanos que comparten sus principios y valores; y también con miles de personas que respaldan de forma activa su labor, aunque el porcentaje de población que forma parte de este último grupo es

[1] Profesora asociada en la Facultad de Comunicación de la Universidad de Navarra.

[2] Véase entre otros: Martínez, Raquel; Lubetkin Mario (eds), *Comunicación y desarrollo: en busca de la coherencia*, Fundación Carolina, 2008; González Luis, Hildegart, *Estrategias de Comunicación en las ONG de Desarrollo*, Cideal, 2006; Nos Aldas, Eloisa, *Lenguaje publicitario y discursos solidarios,* Icaria Antrazyt, 2007; García Izquierdo, Bernardo, *Nuevos socios para nuevas ONGD*, Universidad de Deusto, 2001; Erro, Javier; Ventura, Javier, *El trabajo de Comunicación de las ONGD en el País Vasco*, Hegoa, 2002.

significativamente inferior al de los dos anteriores. A pesar de la evolución favorable experimentada en su comunicación, ésta es todavía un campo donde queda un largo camino por recorrer.

El 8 de marzo de 2007, se produjo en Bilbao la detención de José Luis Gamarra, Presidente entonces de la Fundación Anesvad. El ingreso en prisión por un supuesto delito de malversación de fondos de la persona que entonces encarnaba el máximo órgano de gobierno y dirección de esa ONGD tuvo una amplia difusión mediática en todo el país, y como consecuencia, se produjo un extenso debate social sobre la labor, credibilidad y transparencia de estas entidades, en gran parte porque esta crisis se concatenó con otras dos dentro del sector: la de Intervida y la del Arca de Zoé.

La vivencia de estas experiencias dentro del ámbito de las ONGD fue, desde nuestro punto de vista, una oportunidad para el sector que le obligó a reflexionar y a seguir mejorando. En lo que a la Comunicación para el Desarrollo respecta, abrió una nueva parcela de investigación: cómo gestionar estas situaciones (antes, durante y después) para que no perjudiquen el buen trabajo realizado por estas entidades, ni deterioren la imagen pública que la sociedad tiene del sector.[3]

Este artículo se encuadra dentro de esta nueva parcela que también forma parte del extenso ámbito de la Comunicación para el Desarrollo. Las páginas que prosiguen a ésta, describen los aspectos más relevantes que caracterizaron la cobertura que los medios de comunicación españoles realizaron de la crisis de Anesvad y analiza la repercusión que la información difundida al respecto tuvo sobre la imagen que la opinión pública posee sobre el con-

---

[3] La investigación en situaciones de crisis es un ámbito práctico y de estudio con una amplia trayectoria en otros sectores profesionales. Sin embargo, dentro de las entidades que se engloban dentro del Tercer Sector, no hay en nuestro país una trayectoria académica o una experiencia práctica que sirva de guía a estas entidades. Sin lugar a dudas, el conocimiento adquirido sobre la comunicación en crisis en otros ámbitos profesionales será de gran utilidad para el Tercer Sector pero, la peculiar naturaleza de las entidades que lo componen, precisan de una adaptación, personalización e interiorización de las estrategias, tácticas y herramientas necesarias y útiles para solucionar con éxito este tipo de situaciones.

junto de las ONGD. La muestra analizada está compuesta por todas las unidades informativas referidas a esta cuestión, publicadas por los diarios impresos del país, durante los cinco meses posteriores al estallido de la crisis.[4] Sobre esta muestra se han aplicado dos análisis, uno cuantitativo y otro cualitativo. El primero permite describir a través de datos numéricos los rasgos que caracterizaron la cobertura y la presencia que el sector de las ONGD adquirió en ella. El segundo, disecciona y evalúa de forma pormenorizada el contenido de la información referida al conjunto de las ONGD. La triangulación de los resultados obtenidos en ambos permite definir la repercusión que generó la cobertura de esta crisis sobre la imagen publicada del conjunto de estas entidades.

La propia naturaleza del hecho noticioso (una crisis generada por un supuesto delito de malversación de fondos en una entidad dedicada a la Cooperación); la amplia información difundida por los periódicos sobre la misma (un promedio de tres noticias diarias a lo largo de los cinco meses estudiados); y el hecho de que todavía la gran mayoría de la opinión pública española siga percibiendo a las ONGD como una masa uniforme en la que apenas es capaz de identificar y diferenciar entidades individuales, eran las tres evidencias principales que hacían pronosticar la influencia negativa que la cobertura de la crisis de Anesvad tendría en la imagen del conjunto del sector. Sin embargo, los datos obtenidos en el estudio refrendan la hipótesis contraria: la información publicada por los medios impresos sobre la crisis de esta ONGD bilbaína no dañó de forma significativa la imagen del sector.

[4] La muestra está compuesta por 532 noticias relacionadas con esta crisis publicada por los diarios nacionales, regionales, gratuitos y económicos desde el 8 de marzo de 2007 hasta el 3 de agosto de ese mismo año. La fecha que clausura la investigación está marcada por coincidir con el momento en el que se difunde la decisión judicial de solicitar la intervención de Anesvad por parte del Protectorado de Fundaciones. Si bien es cierto que este hito no cierra la crisis, puesto que la misma no puede darse por concluida hasta que haya una sentencia judicial en firme, (hecho que más de dos años después de la detención todavía no se ha producido), estimamos que este hecho, cinco meses después del estallido, fue el último punto álgido que los medios informativos difundieron al respecto, a la espera de la sentencia.

Antes de adentrarnos en la exposición de los resultados que refrendan la última afirmación realizada, consideramos relevante mencionar que los datos, argumentos y conclusiones que expondremos a continuación forman parte de una investigación más amplia que estudia, reflexiona y pretende aportar conocimiento sobre cómo las ONGD deben prepararse (con un claro enfoque de subsanar los posibles detonantes de crisis); gestionar (si éstas llegan a producirse); y evaluar y corregir la repercusión derivada de ellas.[5]

Contextualización y características de la cobertura

Todos los datos recabados en este estudio refrendan el alto valor noticioso que los medios de comunicación del conjunto del Estado otorgaron a esta crisis y la elevada implicación que asumieron sus profesionales con respecto a este tema. Destacamos a continuación algunos de los datos más relevantes que constatan ambas afirmaciones.

A pesar de que Anesvad es una ONGD que se define a sí misma como regional, la crisis que padeció en 2007 tuvo amplia cobertura en la gran mayoría de los rotativos del país. La crisis no sólo se difundió a través de los periódicos del País Vasco, sino que fue tratada en los diarios nacionales, en los económicos y en la gran mayoría de los rotativos territoriales que se publican en el resto de las provincias españolas. Si bien es cierto que el periódico que más cobertura ofreció sobre la crisis vivida por la ONGD fue *El*

[5] Las crisis comunicativas no son frecuentes en el ámbito de las ONGD. Sin embargo, la juventud del sector, el conocimiento todavía superficial de la opinión pública de la labor que realizan, y la inexperiencia para afrontar este tipo de situaciones hacen que las crisis sean un riego, no sólo para la entidad que la padece, sino para el conjunto de las ONGD, e incluso para el resto de agentes que trabajan en el campo de la Cooperación para el Desarrollo que pueden ver deteriorada su imagen y credibilidad como consecuencia de la alarma social que este tipo de situaciones genera en la opinión pública. Confiamos en que la investigación que está en curso sea útil para que el sector consiga transformar el riego de este tipo de situaciones en una oportunidad de mejora.

Grafico 1: Porcentajes de informaciones publicadas en los distintos medios

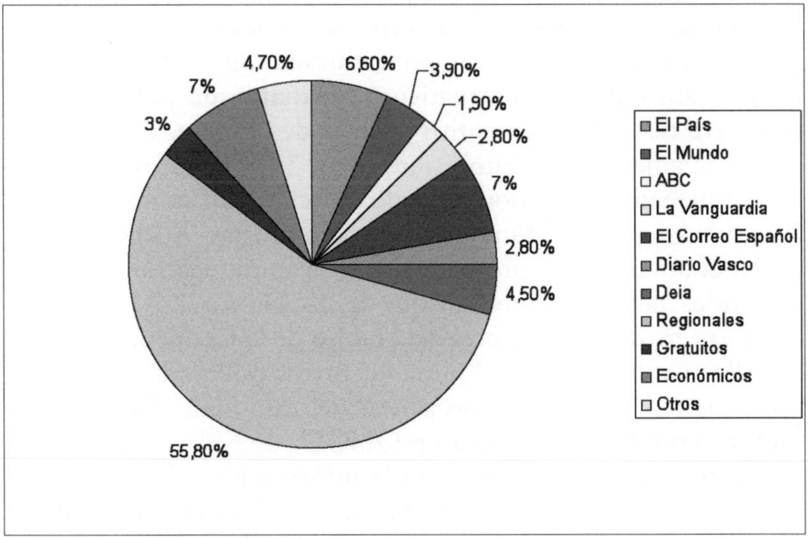

Fuente: elaboración propia

Correo Vasco, quien publicó un 7% del total de las noticias impresas sobre este asunto, (hecho que era previsible puesto que la sede principal de Anesvad está en Bilbao y un porcentaje considerable de sus socios residen en el País Vasco), el segundo diario que más información difundió sobre este caso, fue uno de tirada nacional: *El País*, contenedor del 6,6% del total de noticias publicadas. También es relevante destacar que, como se constata en el gráfico anterior, más de la mitad de las informaciones sobre esta crisis, un 55,8%, fueron publicadas a través de los periódicos regionales no editados en Euskadi.

El tamaño de los espacios dedicados a esta temática (el 20,5% de las noticias superaba la media página, y un 21,6% ocupaba más de un cuarto de hoja), también constatan el alto valor noticioso que los rotativos otorgaron a esta crisis, sobre todo, teniendo en cuenta la extensión temporal de la muestra analizada. Las 32 portadas/contraportadas que consiguió la información, suponiendo el 6% del total publicado, son el último argumento que avala la prioridad informativa que los medios le concedieron.

La elevada implicación de los diarios y de sus profesionales a la hora de informar sobre esta crisis se constata por dos hechos: la cobertura realizada puede ser calificada 'de autor'; y la crisis traspasó los espacios informativos acaparando un porcentaje significativo de editoriales y otros géneros de opinión. La cobertura se puede adjetivar 'de autor' porque un 32,5% del total publicado iba firmado por periodistas que especificaban su nombre, y el 7,5% de las piezas difundidas, por columnistas. Además de despertar el interés de los profesionales de la comunicación, los datos obtenidos también muestran que la noticia suscitó la atención entre expertos y trabajadores del ámbito de la Cooperación al Desarrollo. De hecho, un 1,1% de los textos publicados sobre esta crisis fue redactado por especialistas del campo del Desarrollo, y un 0,8% por miembros de otras ONGD.

El género en el que se redactó la información relacionada con esta temática también constata lo expuesto hasta el momento. A pesar de que un 57,7% del total de piezas publicadas fueron noticias, es muy interesante destacar que el 9% de las unidades redactadas sobre la crisis de esta ONGD fueron cubiertas en el género columna y un 5,3% en el género editorial. Ambos formatos se caracterizan por tener un tono analítico-reflexivo superior al del conjunto de las noticias, siendo por ello espacios reservados para temáticas informativas consideradas por los directores o los columnistas como prioritarias, ante las que el medio en su conjunto o sus firmas colaboradoras habituales toman postura.

Por último, también es interesante destacar que el mayor porcentaje de las informaciones referidas a la crisis se publicó en la sección 'sociedad', un 36,7%, dato que no sorprende ya que éste es el bloque más frecuente en el que se ubican habitualmente las noticias vinculadas a estas instituciones. Sin embargo, es significativo que el 13,7%, el segundo mayor porcentaje de piezas publicadas en una sección, fuera impreso en la de 'opinión'.

Por todos los datos aportados hasta el momento se puede afirmar que la crisis de Anesvad tuvo un valor noticioso notable, consiguiendo que los diarios y sus profesionales se implicaran de forma significativa en la información que ésta generó.

Presencia de las ONGD en conjunto durante la crisis de Anesvad

Antes de evaluar si la imagen difundida sobre el conjunto de las ONGD durante la cobertura de la crisis de Anesvad fue positiva o negativa aportamos tres razones que explican y justifican la relevante presencia que adquirieron estas instituciones (consideradas como grupo) en las informaciones difundidas.

El primer argumento que refrenda su presencia es que las ONGD entendidas como conjunto ocupan el segundo puesto en el ranking de protagonistas prioritarios. Son señaladas como actores principales en un 16% del total de noticias incluidas en la muestra analizada, precedidas sólo, como era previsible, por Anesvad, quien fue protagonista principal en un 63,2% de las noticias publicadas. Intervida es la tercera ONGD mencionada en primer lugar, con un 12% de las informaciones, dato que no sorprende, puesto que esta entidad afrontó una crisis propia un mes después de producirse la de Anesvad.[6] Otras ONGD individuales también fueron nombradas en primer lugar durante estos cinco meses, aunque en porcentajes claramente inferiores.

La segunda razón que refrenda la considerable presencia del sector de las ONGD en la cobertura de la crisis de Anesvad es el importante porcentaje de noticias que tienen como temática principal o secundaria las consecuencias que este trance supondría para la imagen del conjunto de estas instituciones. De hecho, esta temática fue la principal en un 22,9% de las noticias publicadas y el tema secundario en el 25,8% de las informaciones. Para incidir en el valor de estos porcentajes mencionamos que la detención de José Luís Gamarra y su ingreso en prisión es la única temática prioritaria que está presente en un porcentaje superior de noticias: exactamente, en un 28,6%; y que la repercusión de la crisis en el sector ocupa el puesto hegemónico como temática secundaria en el total de los textos difundidos, seguida a gran distancia por aquellas noticias que tienen como segunda cuestión tratada la ne-

6 En la gran mayoría de las primeras informaciones difundidas sobre la crisis de Intervida, los periodistas se hacen eco en el último párrafo de las informaciones de la crisis de Anesvad que llevaba algo más de un mes de andadura.

cesidad de una mayor transparencia económica en las ONGD (14,7%).

El estudio realizado también permite afirmar que los periodistas, al otorgar tanta relevancia a la repercusión que la crisis tendría en el sector, reenfocaron la información, concediendo al conjunto de las ONGD una presencia durante la cobertura mayor a la que hubiera sido previsible. Por último, es interesante mencionar que, aunque esta cuestión estuvo presente de forma intermitente a lo largo de los cinco meses estudiados, el análisis cualitativo evidencia que el punto más álgido de esta temática se produce durante los días 15 y 16 de abril, fechas en las que no sólo se publican noticias, sino que abundan los reportajes sobre la repercusión que ambas crisis (la de Anesvad y la de Intervida) tienen en el sector.

El tercer argumento que refrenda y explica la considerable presencia del conjunto de las ONGD a lo largo de esta cobertura viene determinado por el uso constante que los periodistas hicieron de estas entidades como fuentes de información. Diversas ONGD individuales son citadas como primera fuente en un 9,6% de las noticias publicadas, lo que las ubica en el segundo puesto dentro del ranking de 'primera fuente más citada'. Además, estas entidades fueron nombradas por los periodistas como segunda fuente, en un 10,5% de los textos publicados. El reenfoque que los medios realizaron de esta cobertura, centrando el tema no sólo en la crisis de Anesvad, sino en la repercusión que ésta tendría en el sector, fue una de las principales razones que incrementó el porcentaje de testimonios de otras ONGD, según se desprende del análisis cualitativo. Las Coordinadoras de ONGD son la tercera fuente más citada en primer lugar (6,4% de los textos publicados), y son empleadas como segunda fuente de información en un 4,9% de las noticias.[7]

[7] La Coordinadora de Medianas y Pequeñas ONGD no está incluida en esta variable. La relevancia mediática que esta Coordinadora adquirió en la crisis de Anesvad e Intervida, y la repercusión que las declaraciones de su Presidente tuvieron en el sector han sido los argumentos que han recomendado su análisis como una variable independiente respecto al conjunto de las Coordinadoras.

El protagonismo que las ONGD tuvieron en un porcentaje relevante de las noticias publicadas; la reincidencia en un número considerable de textos de las repercusiones que esta crisis tendría en el sector; y el uso que los periodistas hicieron de estas entidades como fuentes informativas son los tres argumentos que explican y justifican la notable presencia de las ONGD a lo largo de esta cobertura. Pasamos ahora a analizar si su aparición frecuente en las noticias publicadas repercutió de forma positiva o negativa en la imagen que los medios difundieron de ellas.

La imagen publicada de las ONGD en conjunto

A pesar del temor existente en el sector sobre el efecto negativo que la crisis de Anesvad pudiera tener sobre la imagen global de las ONGD, en parte acrecentado, como se ha mencionado en el epígrafe anterior, por el intenso tratamiento que los periodistas realizaron sobre dicha temática, los resultados obtenidos del estudio permiten respaldar la hipótesis de esta investigación: la información publicada por los medios impresos referente a la crisis de Anesvad no dañó de forma significativa la imagen publicada del sector. Aportamos a continuación los dos argumentos principales que refrendan dicha afirmación.

Primero. En casi la mitad de las informaciones publicadas (46,1%), no se deduce una imagen grupal de las ONGD. Además, en el 37% de las noticias difundidas la imagen transmitida del conjunto del sector es positiva. Estos datos permiten afirmar que en la gran mayoría de las noticias impresas, los periodistas tendieron, o a no mencionar informaciones que permitieran configurarse una imagen global de estas entidades, o a diferenciar el caso de Anesvad de la realidad del resto de las ONGD. Sólo en el 16,4% de las noticias difundidas durante los cinco meses, la imagen que se transmite del conjunto de estas instituciones puede ser calificada como 'negativa'.

Los resultados obtenidos en la investigación demuestran que todos los diarios siguieron esta tendencia descrita. Aunque las diferencias porcentuales entre los diferentes rotativos no son llamativas, podemos destacar que el periódico que difundió una imagen positiva del sector en un porcentaje mayor de noticias publicadas por él fue *La Vanguardia* (53,3%), siendo, por el contrario, los gratuitos los que obtuvieron el porcentaje más bajo en esta cuestión (25%).

Segundo. Los adjetivos empleados por los periodistas para calificar al sector, en su mayoría, refuerzan la buena imagen del conjunto de las ONGD. Casi la totalidad de textos en los que se habla de las ONGD como grupo van acompañados de adjetivos como 'trabajo eficaz', 'un grado elevado de transparencia', etc. A pesar de ello, también el sector es calificado en un número reducido de noticias con adjetivos negativos, aunque como se detallará más adelante, estos son enunciados por otras fuentes de información, y no por los propios periodistas.

En lo que a adjetivos respecta, también merece la pena destacar que abundan los calificativos que evalúan cómo ha afectado la crisis de Anesvad al conjunto de las ONGD. El análisis cualitativo ha constatado que, aunque algunos de estos calificativos son mencionados por las fuentes que los periodistas emplearon, la gran mayoría de ellos son recogidos en las columnas de opinión que trataban de analizar el efecto negativo que la crisis estaba teniendo. Algunos de los más frecuentes hablan de: 'herida grave', 'un duro golpe o golpetazo', 'las ONGD miran con temor los casos de corrupción', 'corren malos vientos para las ONGD'.

Hechos principales de los que se deriva la imagen positiva del sector

Los análisis aplicados sobre la muestra estudiada confirman que, en términos generales, los periodistas no hicieron extensible al conjunto de las ONGD las acusaciones de irregularidad que recaían sobre Anesvad. Al contrario, los datos obtenidos permiten afirmar que los profesionales de la comunicación sí contribuyeron con bastantes de los textos publicados a que la imagen transmitida fuera beneficiosa para el conjunto.

Un análisis pormenorizado de esas piezas en las que es posible deducir una imagen positiva global de las ONGD revela que en ellas los periodistas inciden principalmente en cuestiones relacionadas con el buen trabajo que desarrollan estas entidades; con la transparencia del sector; y con los controles que existen para garantizar su buen hacer. Estas tres temáticas están presentes en casi la cuarta parte del total de informaciones difundidas (23,9%). El análisis también confirma que en un 11,7% de las noticias la imagen del sector es positiva porque los medios de comunicación destacan el buen trabajo en red que desarrollan y la selección interna que el propio sector aplica sobre aquellas entidades que quieren formar parte de las distintas Coordinadoras.[8] Por último, y en un porcentaje casi insignificante, 0,2%, la profesionalización del sector es el factor clave que contribuye a que los textos publicados por los periodistas transmitan una buena imagen del sector.

Además del buen hacer de los periodistas que supieron en la mayor parte de los casos diferenciar la investigación puntual sobre Anesvad de la realidad que caracteriza al conjunto del sector, el análisis cualitativo demuestra que la respuesta comedida que dieron la gran mayoría de los portavoces de las ONGD también favoreció la difusión de una imagen positiva de éste. El análisis cualitativo constata que, para lograrlo, la gran mayoría de los portavoces de las ONGD centraron sus discursos en: la oportunidad que esta crisis ofrecía al sector para poder explicarse y mostrar las herramientas de control que se imponen estas instituciones; en apuntar que es positivo que estos casos salgan a la luz pública porque demuestra que hay un control y seguimiento sobre su labor y sus fondos; y en centrar el debate en la importancia de trabajar en red como una herramienta más que puede avalar la buena labor y gestión que las ONGD realizan.

---

8 En muchas noticias se destacaba que Anesvad e Intervida no eran miembros de las Coordinadoras de ONGD, se apuntaban los motivos por los cuáles no fueron admitidas, y los requisitos que deben cumplir las instituciones que forman parte de ellas. Con toda esa información, se conseguía transmitir la idea de que el sector que trabaja en red desarrolla un trabajo serio, riguroso y transparente, y que dentro del propio sector ya hay controles que garantizan el buen hacer que desarrollan. La no pertenencia de Anesvad e Intervida a la Coordinadoras liberaba, de algún modo, a sus miembros de la sospecha.

Hechos de los que deriva una imagen negativa del sector

A pesar del predominio de la imagen positiva de las ONGD en el conjunto de informaciones difundidas durante la crisis, como se ha detallado en epígrafes anteriores, también se publicaron noticias de las que se deducía justo la percepción contraria. Detallamos a continuación qué hechos presentes en estas piezas contribuyeron a configurar y transmitir una imagen negativa del conjunto de las ONGD.[9]

La crisis de Anesvad (en un 11,7%) es la causa directa que genera una imagen peyorativa del conjunto de estas entidades. En la mayoría de las noticias incluidas en este porcentaje, o no se explicita la excepcionalidad que supone el caso de esta ONGD dentro del conjunto, (generando con ello la percepción de que todo el sector es así), o se apunta la posibilidad de que surjan otros casos similares a éste (extendiendo la duda a la totalidad de estas entidades).[10]

La falta de transparencia de las ONGD, como factor que condiciona su imagen negativa está presente en un 4,5% de las noticias. El análisis cualitativo demuestra que el hecho que más azuzó el tratamiento de esta cuestión fue la difusión por parte de Fundación Lealtad de una nota de prensa en la que se afirmaba que sólo 45 instituciones cumplían todos los principios que ellos evalúan. Esta información contribuyó a que diversos medios de comunicación se hicieran eco del comunicado incidiendo en la falta de transparencia del sector que parecía deducirse del escrito.[11] Dos días después de remitir este comunicado, Fundación Lealtad emitió una segunda nota de prensa en la que matizaba y explicaba

---

9 Los factores principales que contribuyeron a difundir una imagen negativa del sector en las piezas publicadas son más numéricamente, pero el porcentaje de noticias en las que se publican es menor a los mencionados en los párrafos anteriores.

10 Este argumento es más frecuente en las noticias que se difundieron tras hacerse pública la crisis de Intervida.

11 La nota de prensa tuvo su mayor difusión mediática entre el 9 y el 10 de abril de 2007.

muchos de los términos empleados en su anterior comunicado, dejando constancia de los argumentos que avalan que el sector de las ONG es transparente y fiable. Además, algunos miembros del Patronato de esa Fundación y miembros de su dirección concedieron entrevistas a distintos rotativos incidiendo una vez más en la transparencia y credibilidad del conjunto de las ONGD.

La competencia que se produce entre las ONGD fue el factor que sustentó la imagen negativa del conjunto del sector en un 4,3% de las noticias publicadas. La intervención en el espectro mediático de Rafael Jariod, Presidente de la Coordinadora de Medianas y Pequeñas ONGD, fue, sin lugar a dudas, el hecho clave que conllevó que este tema fuera tratado por los medios de comunicación. Las declaraciones constantes de Jariod denunciando la 'caza de brujas' que se estaba llevando a cabo sobre las ONGD Medianas y Pequeñas por parte de las que son miembros de la CONGDE y la posterior publicación en distintos medios de la carta que José Luís Gamarra le remitió fueron los dos hechos claves que fomentaron el interrogante sobre si existe o no competencia entre las ONGD, y si ello es coherente y aceptable bajo los propios principios en los que se sustentan estas instituciones. En algunas de las noticias publicadas, la competencia dentro del sector adquiere un matiz más agresivo y se habla de enfrentamiento entre las ONGD, hecho que deteriora de forma notable la imagen del conjunto. El análisis cualitativo confirma que las informaciones donde se cita al Presidente de esta Coordinadora aglutinan el mayor número de adjetivos peyorativos con los que son calificadas estas entidades.

Conclusiones

El estudio realizado permite concluir que la crisis de Anesvad tuvo un valor noticioso notable para el conjunto de los diarios españoles, consiguiendo que los periódicos y sus profesionales se implicaran de forma significativa en la información que ésta generó.

La investigación también ha constatado la considerable presencia de otras ONGD (a título individual, o como conjunto) a lo largo de toda la cobertura. Los principales motivos que explican y justifican dicha presencia son el rol protagonista que los periodistas otorgaron a otras ONGD; el reenfoque que los medios realizaron al focalizar parte de la cobertura en las repercusiones que esta crisis tendría en el sector; y el uso que los periodistas hicieron de ellas como fuentes informativas.

A pesar de que el reenfoque mencionado incrementó el temor existente entre las ONGD sobre el efecto negativo que la crisis pudiera generar sobre la credibilidad del conjunto, los resultados obtenidos permiten confirmar la hipótesis de partida: la información publicada por los medios impresos no dañó de forma significativa la imagen del sector. En la mayoría de las noticias publicadas los medios, o no difundieron una imagen global de las ONGD, o la publicada era positiva. Esta pauta estuvo presente en la cobertura que hicieron todos los diarios analizados.

Los argumentos destacados por los periodistas que más contribuyeron a consolidar la buena imagen de las ONGD fueron: el trabajo profesional que realizan estas entidades; su transparencia; los controles que existen para garantizar su buen hacer; la labor en red que desarrollan; y la selección interna que el propio sector aplica sobre aquellas entidades que quieren formar parte de las distintas Coordinadoras. El buen hacer de los periodistas fue clave para consolidar esta imagen, pero también jugaron un papel relevante las declaraciones formuladas por otras ONGD y Coordinadoras.

Por el contrario, los factores que más sustentaron una imagen negativa del conjunto fueron: la crisis de Anesvad, la falta de transparencia de las ONGD, y la competencia entre ellas. Como se ha justificado en el artículo, la presencia de los dos últimos temas no fue consecuencia de iniciativas autónomas de los periodistas, sino que estuvo motivada principalmente por dos agentes vinculados también al campo de la Cooperación.

Por último, se puede afirmar que si bien es cierto que la crisis de Anesvad contribuyó a incrementar el debate social sobre la transparencia y fiabilidad de las ONGD, el tratamiento que recibió esta cuestión por parte de los medios impresos no perjudicó de forma notable la imagen publicada del conjunto de estas entidades. Sin lugar a dudas, la madurez alcanzada por parte de la mayoría de las ONGD (constatada en sus reacciones), y el conocimiento que un porcentaje considerable de periodistas tienen del sector fueron claves para conseguir que una crisis de esta envergadura no dañara la imagen que tiene la opinión pública sobre el buen hacer que cientos de entidades y miles de personas realizan a diario en pro de un mundo más justo.

XIII.

Visualizar la diversidad. La experiencia de TV3

Carles Solá[1]

El paisaje humano al que los catalanes estábamos acostumbrados en los años ochenta y noventa empezó a cambiar, de manera visible, a finales de la década de los noventa. Hasta ese momento, la población de Cataluña tenía aproximadamente unos seis millones de habitantes, hasta el punto que, un lema que el Govern de la Generalitat había lanzado en 1987 y que decía «Som sis milions», continuaba siendo válido.

Pero esto empezó a cambiar de una manera progresiva, a partir de 1998. Cuatro años después, siendo jefe de la sección de sociedad de los servicios informativos de TV3, se propuso la creación de una célula de periodistas que se especializara en el tratamiento de la inmigración. Dos personas del área de Sociedad y Reporteros participaron en un curso sobre diversidad y medios de comunicación (Fundació Bofill, octubre 2003).

A partir de esa formación inicial, el trabajo de la célula consistió en dar a conocer los cambios que se estaban produciendo en la sociedad catalana y las consecuencias de la llegada, en un número cada vez más significativo, de personas de diversos lugares del mundo. Asimismo, influyó de manera decisiva en el enfoque que se daba a las noticias relacionadas con el fenómeno migratorio.

Al margen de la redacción de informativos, el crecimiento de la población catalana y la progresiva diversificación dio lugar a una serie de programas que tenían y siguen teniendo como objetivo

[1] Director y redactor del programa «Tot un món», espacio dedicado a la inmigración y la diversidad cultural de TV3.

explicar a la audiencia la diversidad de culturas, lenguas y realidades sociales de la sociedad catalana.

En octubre de 2001 nace «Karakia», un espacio del Canal 33, que pretende dar a conocer la realidad de la nueva población catalana a través de la gastronomía. Durante nueve temporadas, el programa ha acercado a la audiencia la realidad de comunidades de inmigrantes de unos 160 países. El objetivo es dar a conocer la riqueza cultural que nos rodea y la aportación, en este caso gastronómica, que estas personas aportan al país.

El año 2004, será el turno de «Tot un món». El «programa de la inmigración» de TV3 nació con la voluntad de aportar luz a la audiencia sobre el porqué y el cómo se producían los procesos migratorios y qué consecuencias estaban teniendo en la sociedad catalana. Se trata de un microespacio que empezó con 3 minutos de duración y en los 5 años que lleva en antena ha ido creciendo hasta llegar a los 6 minutos, la temporada pasada. «Tot un món» ha intentado acercarse a la realidad social y cultural de los inmigrantes, rompiendo tópicos y estereotipos, escuchando sus opiniones sin que éstas estén vinculadas a los avatares de la actualidad, ni sólo a conflictos, exclusión, delincuencia, sino a las razones de su proceso migratorio, sus experiencias, sus proyectos...

Durante las cinco temporadas del programa, «Tot un món» ha dado respuesta a las preguntas que podía hacerse la población autóctona, ha buscado buenas y malas prácticas en todo el territorio catalán, a través de perfiles que explicaran la heterogeneidad de la inmigración, ha analizado desde todos los puntos de vista los principales temas que afectan a la población inmigrada y actualmente trata de dar a conocer los espacios de relación intercultural cotidiana que se dan entre las personas inmigradas y la población autóctona o entre personas inmigradas.

Después de estos dos programas, han surgido varias propuestas más que, en su mayoría, no han tenido continuidad en el tiempo pero que han sido experiencias muy positivas que han demostrado el interés de la audiencia de la televisión catalana por conocer de cerca la nueva realidad social que les rodea.

En el año 2006, TV3 apostó claramente por un programa, «Un lloc estrany» (un lugar extraño). Lo situó en *prime time* y demostró con el éxito que obtuvo que la diversidad cultural era de interés general para el público de ese canal. El programa consistía en dar a conocer la visión que tenían de Cataluña 60 hombres y mujeres que ya llevaban suficiente tiempo en la región para haberse formado su propia opinión sobre los catalanes. El hecho de que tuviera un formato moderno y desenfadado lo acercó a un público que, en principio, podía no haber estado interesado en el tema.

La apuesta por dar a conocer la diversidad cultural ha tenido su continuación con programas como «Jugamón», un espacio donde niños y niñas de 13 países participan en un juego propuesto por uno de ellos, de su país de origen y en su entorno familiar, con lo cual nos acercamos a los juegos del mundo y a las nuevas realidades de los niños y niñas de Cataluña. Este programa se emitió entre 2007 y 2008. Después, entre 2008 y 2009 se han emitido los programas «10 Cites» y «No tòpic», el primero sobre la convivencia que se establece entre las personas que forman una pareja lingüística para aprender catalán y el segundo dedicado a jóvenes entre 16 y 20 años que opinan sobre los tópicos, el hecho de emigrar, las relaciones hombre-mujer o el uso del catalán. También cabe citar «El sol de la nit» (el sol de la noche), donde niños y niñas de los cinco continentes reflexionan sobre conceptos tan diversos como una vaca o la facultad de pensar, que ha tenido continuidad con otro espacio de la misma realizadora con el nombre de «Un color nou» (un color nuevo), sobre la visión del arte de niños y niñas de varios países, y «City Folks», serie producida por TV3 y otros canales europeos, que tiene como objetivo reflejar la diversidad de la sociedad europea contemporánea.

Por este lado podríamos decir que la aportación de la televisión pública catalana a la difusión de los valores positivos que comportan la inmigración y la diversidad cultural está a la altura de lo que se considera que debe hacerse como servicio público. Pero por otra parte, las carencias que persistían en la mayoría de áreas de la empresa en relación con la diversidad cultural y un tratamiento informativo de la inmigración poco apropiado, dio pie, en 2006, a la inclusión de un texto sobre este particular, en los Principios de Actuación de la Corporació Catalana de Mitjans Audiovisuals.

Estos principios son revisados cada tres años y engloban los valores fundamentales que han de seguir las empresas filiales en lo que respecta al tratamiento informativo de aspectos merecedores de una atención especial, como la protección de la infancia, la violencia, el sexo o el terrorismo. En la revisión de hace dos años, se ampliaron los compromisos fijados en acuerdos anteriores como la Ley de creación de la Corporació Catalana de Mitjans Audiovisuals (CCMA), el contrato programa, el código deontológico del Col·legi de Periodistes de Catalunya, la declaración «Per una ràdio i una televisió pública al servei dels ciutadans», también aprobada por el Consell de la CCMA, el estatuto de redacción de los servicios informativos de Televisió de Catalunya i Catalunya Ràdio o las recomendaciones publicadas por el Consell de l'Audiovisual de Catalunya. En este sentido, y respecto a la diversidad cultural y la inmigración, el texto aprobado es el siguiente:

La inmigración es un hecho social relevante que, vistos los derechos de las personas y también las ventajas que supone para nuestra sociedad, tiene que verse reflejado en los medios públicos de comunicación desde una óptica positiva, aunque sin faltar nunca a la veracidad informativa.

Algunos de los criterios que prevalecerán en el tratamiento de la inmigración son éstos:

—Las noticias sobre la inmigración tienen que rehuir de las generalizaciones y los tópicos y no tendrían que limitarse a divulgar situaciones de conflicto, y evitar las asociaciones indebidas de los inmigrantes y otros conceptos y realidades.

—Tienen que darse a conocer sobradamente las causas de la inmigración, que son diversas. Además, el conjunto de las personas inmigradas que hay actualmente en nuestro país es heterogéneo, y tendría que tratarse haciendo hincapié en su multiculturalidad.

—Entre las fuentes informativas tendría que haber, al lado de las versiones oficiales, también los mismos inmigrantes, sus organizaciones, ONG, etc.

—En los medios públicos de comunicación, hace falta potenciar los programas que cuentan con la colaboración de los colectivos de inmigrantes, utilizando sus lenguas y la nuestra, como vía efectiva de integración.

La intención de este documento es que sea vinculante para los profesionales de los medios públicos de comunicación que dependen de la CCMA, pero el resultado en la aplicación diaria de estas indicaciones, continúa siendo, dos años después de su publicación, demasiado irregular. Por esta razón, un grupo de profesionales conscientes de esta situación, algunos de ellos con cargos de responsabilidad en determinadas aéreas, nos propusimos la creación de la Comisión de la Diversidad de TV3.

Fruto de la preocupación para aumentar la presencia de la diversidad cultural en la televisión catalana y mejorar el trato en las informaciones relacionadas con la inmigración nació, en 2006, la Comisión de la Diversidad de TV3. Un pequeño grupo del área de Nuevos Formatos y del programa «Tot un món», pusimos en común, la necesidad de aumentar la presencia de la diversidad en nuestro medio tanto en la programación y los productos, como dentro de la empresa misma. De una manera natural, algunas personas ya habíamos llevado a cabo iniciativas personales destinadas al fomento de la diversidad y, en general, como empresa, había ejemplos de buenas prácticas, como los programas que antes mencionaba, que nos hacían pensar que estábamos en la buena línea, pero que quizás hacía falta profundizar más y, en primer lugar, analizar y reflexionar sobre lo que estábamos haciendo, cómo lo estábamos haciendo y cómo podíamos mejorarlo.

En un primer análisis echamos de menos la presencia regular de personas procedentes de la inmigración más reciente en programas de debate, en calidad de público, expertos, opinando y, no sólo y sobre todo por su condición de inmigrantes, de personas que han venido a vivir a Cataluña los últimos años, sino por sus trayectorias profesionales, sus conocimientos y sus opiniones como ciudadanos. Creímos que teníamos que hacer una reflexión sobre el lenguaje que utilizábamos tanto en los informativos como en los programas de entretenimiento, y también que teníamos que estudiar qué hábitos televisivos tenía la nueva ciudadanía y ver cómo podíamos sumarla a la audiencia de TV3. Pensamos que esta incorporación a la audiencia pasaba, necesariamente, porque se reconocieran en el medio y que, para eso, había que trabajar para cambiar el lenguaje que utilizábamos, repensar la programación y algunos contenidos, reflejar la diversidad en los molinillos, los anuncios de promoción de programas, y posibilitar la incorporación de trabajadores recién llegados de otros países, de otras culturas, a la plantilla de TV3.

En este sentido, hubo una primera batería de propuestas que hicimos llegar a la Dirección de TV3 pidiendo, en primer lugar que, de una manera oficial, diera su visto bueno a nuestras iniciativas y diera a conocer a toda la empresa la voluntad de un grupo de personas de crear una comisión transversal y abierta para trabajar por el fomento de la diversidad en TV3.

La Dirección dio su aprobación a la creación de esta Comisión que durante dos años ha presidido Miquel García, director del Área de Documentales, Educativos y Nuevos Formatos e integrada por profesionales de todas las áreas de Televisió de Catalunya. La Comisión se puso a trabajar en septiembre de 2006 y se ha ido reuniendo cada trimestre. En Catalunya Ràdio se empezó un proceso parecido que concluyó en marzo de este año con la creación de una Comisión hermana con planteamientos muy parecidos.

Entre las primeras propuestas que hicimos llegar a la Dirección estaba la organización de un módulo de formación sobre el tratamiento de la diversidad y la inmigración que sirviera para sensibilizar a los trabajadores y hacer una reflexión colectiva sobre el tratamiento de la diversidad cultural en los informativos y los programas de la cadena.

Pedimos al Centro Unesco de Catalunya que, de acuerdo con el grupo de formación de la Comisión, desarrollara este módulo sobre Diversidad. Por este taller pasaron unos 400 profesionales, entre redactores de informativos y de programas, pero también realizadores, documentalistas, lingüistas, operadores de imagen y también algunos jefes de área y de sección. Una vez acabada la formación, recogimos las opiniones expresadas por los participantes en cada una de las sesiones del módulo para que sirvieran de base a futuras acciones sobre diversidad en el medio o que se incorporaran a los futuros libros de estilo que una comisión constituida a este efecto está elaborando para Catalunya Ràdio y que pronto se empezará a elaborar, también en TV3.

Respecto a las acciones, con el fin de conseguir que la televisión refleje más la nueva realidad y responda a los intereses del conjunto de la audiencia, hemos analizado los datos proporcionados por el «Baròmetre de la Comunicació i la Cultura» que desde 2007 se elabora a partir de 40.000 encuestas personalizadas, 6.000 a personas de origen extranjero. En este sentido, los primeros resultados nos indican que la televisión y la radio catalanas no están entre las preferencias de la población inmigrante, en parte por el desconocimiento de la lengua, cosa que no pasa entre los hijos de inmigrantes, cuando estos han sido escolarizados en catalán. Tampoco una parte de la programación es de su gusto, aunque sí reconocen el esfuerzo de la cadena para mostrar la diversidad cultural y poner el acento en su aportación al país. En este sentido la Comisión ha seguido impulsando la producción de programas para mostrar mejor la nueva realidad social, como los antes citados. Otra iniciativa nacida de la Comisión fue que desde la temporada pasada, el departamento de Deportes ha incorporado resúmenes de las ligas americanas como la argentina, ecuatoriana y brasileña; y africanas, como la marroquí, la de Camerún, de Ghana y de Costa de Marfil. También se puso en marcha el espacio «Futbol del Marroc», un resumen del mejor partido de la jornada de la liga marroquí con los comentarios técnicos de Ahmed Yusuf.

También las series de ficción (Vent del Pla y el Cor de la Ciutat), han incorporado personajes que representan a la nueva población de Catalunya y, por indicación de la Comisión, se les ha dado un protagonismo y un papel positivo que ayude a crear empatía con la audiencia y subraye la aportación positiva que la inmigración tiene en la sociedad catalana.

En 2008, Televisión de Cataluña subtituló, a través de la TDT, en árabe y en castellano la telenovela «El cor de la ciutat» y «Karakia». Esta iniciativa nació de la voluntad de la cadena de acercar sus contenidos a los nuevos ciudadanos y como primer contacto con la lengua catalana. TVC valoró como poco efectiva esta primera experiencia y por el momento no se plantea la posibilidad de continuar con este servicio.

Por otra parte, se está trabajando para favorecer y promover que los programas de participación de TVC reflejen esta nueva diversidad, tanto con respecto al público como por los participantes en los debates, entrevistas, etc.

Y como decía antes, la intención es que los ciudadanos de origen inmigrante no salgan por televisión en tanto que inmigrantes sino en calidad de ciudadanos, y hablando de cualquier tema con el cual tengan relación o conocimiento.

También hemos empezado a recoger currículum de periodistas con experiencia, así como de estudiantes de periodismo y comunicación audivisual de familias de origen extranjero que, con el mismo nivel de conocimiento del catalán que se exige en el resto de profesionales, puedan participar en un proceso de selección de personal. Se han realizado los primeros castings para encontrar un presentador de un programa informativo. La incorporación de periodistas y presentadores, de guionistas, de realizadores y de cámaras y en general de profesionales de los medios de comunicación en TV3, será un hecho normal de aquí a unos años, pero hemos pensado que era bueno que, junto con las otras iniciativas destinadas a normalizar la presencia de diversidad en nuestro medio, favoreciéramos algunas incorporaciones en la plantilla. Dos son las razones principalmente. En primer lugar, porque así mostraremos que la diversidad empieza a formar parte intrínseca de la televisión nacional de Cataluña y porque creemos que esta diversidad nos aporta valores para preparar a la sociedad ante la nueva realidad social y favorecer la convivencia. Nuestra plantilla tiene que ser un espejo de esta nueva realidad demográfica y cultural, y la presencia de profesionales de orígenes diversos nos aportará riqueza y conocimiento sobre estos nuevos colectivos. La diversidad de nuestra plantilla es el mejor antídoto contra la pervivencia de los estereotipos y los tópicos que históricamente se han asociado a los inmigrantes.

Y todo este trabajo que hemos empezado a hacer se enmarca en un proceso de renovación y compromiso por la diversidad que la mayoría de cadenas públicas europeas han emprendido los últimos años. Algunos miembros de la Comisión de la Diversidad de TVC han participado en iniciativas europeas, como la elaboración del «Diversity ToolKit», un manual para un mejor trato de la Diversidad impulsado por algunas televisiones públicas europeas y que será vinculante para las televisiones que se han comprometido en su elaboración.

Para el grupo de trabajo de este «Toolkit», la diversidad cultural y el pluralismo de los medios de comunicación siempre han sido los pilares fundamentales de los radioemisores de servicio público de Europa, y continúan siendo la fuerza principal de todos sus servicios. Es parte de la misión como servicio público promover la diversidad cultural en todos los programas, televisión, radio o en plataformas nuevas.

Este manual tiene desde hace un año, una versión en catalán, ampliada con experiencias locales, distribuido a los medios audiovisuales catalanes gracias a la colaboración de la Mesa para la Diversidad en el Audiovisual del Consejo Audiovisual de Cataluña, un organismo interesado en favorecer procesos de reflexión y acciones que faciliten un mayor y mejor reflejo de la diversidad dentro de los medios audiovisuales de Cataluña.

Desde la Comisión de la Diversidad somos plenamente conscientes de la complejidad de este proceso que hemos iniciado y del mucho camino que queda por recorrer y por eso es muy importante que sigamos planteando estos objetivos con determinación, pero buscando en todo momento el consenso de los profesionales y de la sociedad en general. Por esta razón, algunos miembros de la Comisión participamos activamente en foros de reflexión y debate sobre diversidad y medios de comunicación porque pensamos que es necesario intercambiar las experiencias en este terreno y avanzar conjuntamente por un mismo camino para que las acciones emprendidas por el conjunto de los medios tengan una mayor repercusión social.

Estamos convencidos de que es en marcos como éste donde tenemos que empezar a encontrar el consenso necesario para seguir avanzando hasta que la diversidad sea tan natural a nuestros medios como ya lo es en nuestras sociedades.

Todas estas iniciativas podrían quedarse en nada si no tuvieran un impulso permanente y continuidad en el tiempo. Por esta razón, la política de fomento de la diversidad en los medios tiene que estar por encima de los cambios de dirección de estos. Por eso, desde la Comisión recibimos como una muy buena noticia la creación, de un área de Responsabilidad Social Corporativa en la CCMA y la voluntad de impulsar las comisiones de la Diversidad de la televisión y de la radio.

La Responsabilidad Social Corporativa es una forma de relacionarse con la sociedad que consiste en impulsar acciones solidarias, promover el arte y la cultura, atender grupos sociales que requieran una atención especial, financiar proyectos de investigación o de conservación del patrimonio y también dar ayudas e impulso a la enseñanza. La CCMA ya tiene entre sus activos la transmisión de todos estos valores, pero con esta nueva dirección quiere incentivar, promover y organizar las acciones que más identifican sus medios como públicos. La creación de esta área fortalece la referencia de la CCMA como empresa pública.

El objetivo de la nueva dirección será dar más visibilidad a estos activos, impulsar nuevos proyectos y aprovechar mejor los recursos y las sinergias entre las empresas. También promoverá nuevos proyectos de compromiso con la ciudadanía y creará comisiones, grupos de trabajo y áreas de estudio específicas para velar por las buenas prácticas en los ámbitos en que haga falta una atención especial. Además, promoverá la responsabilidad social, el voluntariado y el trabajo en beneficio de la sociedad, e incentivará el diálogo con los ciudadanos, convirtiéndose en escaparate de las empresas preocupadas por la acción social. En el área de la educación y la enseñanza, consolidará los proyectos ya existentes y promoverá otros nuevos. Entre las responsabilidades de esta nueva área están las de dar continuidad e impulsar la nueva etapa que han emprendido desde junio de este año las Comisiones de la Diversidad de TV3 y Catalunya Ràdio, y la de coordinar la elaboración de los libros de estilo de estos dos medios.

Uno de los principales retos que tenemos como medios de comunicación públicos es el de seguir siendo puntos de referencia para el conjunto de la población y continuar dando un servicio público de calidad. Esto pasa por representar al conjunto de la población y hacerlo de una manera objetiva y veraz. Pero, ¿qué pasa cuando una parte de esta población no tiene a estos medios de comunicación como sus medios habituales, o cuando se ven poco o mal representados?

Según un estudio titulado «Usos y actitudes de la inmigración frente a los medios de comunicación», la televisión es el medio más visto por todos los colectivos de inmigrantes. Las personas procedentes de África y Asia ven más la televisión de sus países de origen a través de satélite por una cuestión idiomática, y porque les permite obtener información sobre ellos. Marroquíes y subsaharauis son los que más televisión por satélite consumen. Los chinos tienen un comportamiento similar.

En el caso de los latinoamericanos, esta tendencia es menor y combinan canales del país de origen con los autóctonos. Canal Latino es el referente del medio televisión. Ésta cadena, que emite desde Sabadell, ofrece veinticuatro horas de programación diaria con producciones propias pensadas y creadas para este colectivo.

El consumo de televisión por parte de los inmigrantes, según datos del Barómetro de la Comunicación, en orden de preferencia es: A3 (47,6%), Telecinco (38,4%), TV1 (33,3%),Cuatro (22%), La sexta (17,2%). TV3 sólo obtiene un 12,7%. Destaca A3 por la manera de dar las noticias. Hay que mencionar, también, que en el caso de núcleos familiares son los más pequeños los que acostumbran a determinar los programas que se ven.

En lo que respecta a la radio, según dicho estudio, la escucha de emisoras de radio del país de origen es superior al consumo de radio del país de destino. Las emisoras se escuchan, preferentemente, en casa y en el coche. Aunque también es común el uso de internet u otras plataformas como la televisión para escucharla.

La programación preferida es la musical. Eso se debe, en primer lugar, al hecho de que la música rompe la barrera idiomática, que tantas veces dificulta el consumo de algunos medios y, en segundo lugar, de una manera u otra la música es un vínculo de unión con el país de origen. Muchos de los entrevistados, sin embargo, dicen que a veces también escuchan noticias por la radio. Últimamente en Cataluña han proliferado las emisoras de radio destinadas específicamente a los inmigrantes, particularmente provinientes de América Latina (algunas de ellas ilegales). Radio Gladys Palmera es la emisora de inmigrantes latinos que está experimentando, desde Barcelona, una evolución hacia una emisora global: programas como «Comunidad Latina» empezó siendo una asesoría legal y ha evolucionado hacia contenidos de tipo cultural con vocación de servicio.

Finalmente, el estudio concluye que, no obstante, esta actitud cambia de forma significativa en el caso de los hijos de los inmigrantes, o de aquellos inmigrantes que su proceso de socialización infantil tiene lugar a Cataluña. En estos casos, elementos como el conocimiento del catalán —que se adquiere, cuando menos, en la escuela— facilitan el proceso de integración no sólo de forma mediática, sino también social (clubes de deporte o de otras actividades de ocio o entretenimiento, etc.).

Como acabamos de decir, los hijos de inmigrantes que han sido escolarizados en Cataluña tienen los mismos gustos y preferencias que los catalanes de su edad. Tienen una actitud hacia los medios de comunicación locales mucho más permeable que el de sus progenitores. Incluso ven, sobre todo en el caso de la comunidad latinoamericana, el consumo de mediados de sus países de origen por parte de sus padres como un acto de melancolía, porque a ellos les ocupa el aquí, el presente y su futuro más inmediato. La segunda generación tiene un comportamiento diferencial respecto de los usos y actitudes ante los medios de comunicación que hay que tener presente.

Los resultados de este estudio, elaborado por un equipo del Grup de Recerca Teccip (Tecnologia, Comunicació, Ciutadania i Participació), corroboran lo que ya habían dado a conocer los primeros sondeos del Barometre de la Comunicació i la Cultura, al que me refería anteriormente, y que demuestran el largo camino que nos queda por hacer. Ante esta situación se nos plantean una serie de interrogantes que han empezado a sembrar la duda sobre cómo hemos estado haciendo las cosas hasta este momento y hasta qué punto las iniciativas que hemos emprendido sirven realmente para conseguir los fines que perseguían.

En principio, y hasta que se demuestre lo contrario, creemos que estamos en el buen camino y que, en cualquier caso, y después de analizar cada una de las iniciativas surgidas de la Comisión de la Diversidad y las propias de las empresas de la CCMA, cabría la posibilidad de replantarse alguna estrategia.

En mi opinión, la principal carencia en todo este proceso es la comunicación de las iniciativas que hemos tomado para conseguir una mayor representatividad de la nueva ciudadanía en nuestros medios. O no hemos sabido llegar hasta los colectivos de inmigrantes para dar a conocer lo que estábamos haciendo, o nos hemos equivocado en los canales de comunicación con la nueva población.

Algunas de las iniciativas que se han ido llevando a cabo en los dos últimos años, como la subtitulación al árabe y al español y los resúmenes de la liga de fútbol de Marruecos, han sido dadas a conocer a través de algunos medios especializados de la inmigración. Creo que aún desconocemos cuál es alcance real de estas publicaciones y el impacto que anuncios como los que he citado tienen sobre esta población. Los últimos resultados del Barómetro, indican que es la prensa gratuita la que tiene una mayor penetración en este segmento de población. Por lo tanto, esta sería, seguramente, una de las principales vías de comunicación entre nuestros medios y la población inmigrante más reciente.

En paralelo a las acciones de comunicación en general, cabe pensar en la posibilidad de establecer un contacto más directo y continuado con las organizaciones que agrupan a los inmigrantes de diferentes orígenes, para conocer sus opiniones alrededor de la programación y sobre el nivel de pluralismo social y de representación de la diversidad de nuestros medios.

Para finalizar esta respuesta quería abundar en la necesidad que, creo, tenemos de continuar la formación y reflexión sobre el tratamiento de la diversidad que iniciamos para los profesionales de nuestros medios. Hace dos años, la Mesa para la Diversidad en el Audiovisual, del Consejo del Audiovisual de Cataluña, elaboró un estudio, titulado «Televisión e inmigración» que incluyó, entre otros, cuatro estudios sobre el tratamiento que las televisiones hicimos de los hechos de la verja de Ceuta y Melilla, y el impacto que causaron estas noticias en un grupo de jóvenes de secundaria. Sin voluntad de profundizar, os diré que detectaron que los medios hablamos más de conflicto político que de conflicto social, con informaciones parciales, poco contrastadas donde, prácticamente, no se daba voz a las asociaciones ni a los inmigrantes, y que continuábamos utilizando palabras como ilegal, irregular, avalancha.., que éramos alarmistas, no contextualizábamos, ni hacíamos ningún seguimiento posterior, y que aunque fuéramos solidarios, la mayoría no cuestionábamos, en el caso mencionado, la existencia de la verja, y señalábamos a Marruecos como el principal culpable de los hechos.

Pues bien, en una búsqueda reciente de noticias he podido comprobar, personalmente que seguimos informando con los mismos «tics» de siempre. En las noticias sobre hechos delictivos continuamos señalando el origen de los protagonistas, aun cuando no es relevante para la información. En general, en las noticias que tienen a personas inmigrantes como protagonistas, no escuchamos sus opiniones o las de sus organizaciones y seguimos usando un vocabulario que ha sido cuestionado desde hace años por todos los organismos competentes en la materia. En nuestras redacciones, y a pesar de la buena voluntad que ponen algunos, los cada vez más numerosos libros de estilo, manuales y recomendaciones que se han elaborado, nuestros medios —y eso quiere decir a las personas que trabajamos en ellos— continuamos sin reflejar lo suficiente el cambio que ha habido en nuestra sociedad. Por eso, una parte de esta sociedad, la de origen extranjero más reciente, no siente como propios estos medios o sólo se ve reflejada como un hecho ajeno al país y, demasiado a menudo, relacionada con estereotipos y tópicos, o con informaciones negativas. Todo eso nos tiene que hacer reflexionar y, sobre todo, ser proactivos, es decir, anticiparnos a los acontecimientos para no acabar atrapados en un callejón sin salida.

Me atrevo a decir que uno de los principales logros, sino el principal, es la existencia misma de la Comisión de la Diversidad y el hecho de contar con el apoyo de las dos direcciones del canal. Este organismo nos ha permitido, y ha de continuar permitiendo, la reflexión y las propuestas para una normalización de la diversidad en nuestros medios.

Y entre los éxitos de la Comisión pondría, en primer lugar, la formación de los profesionales, que sirvió, en un primer momento, para dar algunas herramientas que mejoraran la calidad de las informaciones que tenían relación con el fenómeno migratorio y la diversidad, así como aclarar conceptos que por nuevos eran poco conocidos, cuando no, ignorados. La formación iniciada con aquel módulo debería continuar para que de verdad fuera eficaz. También el contacto con los programas y las diferentes áreas de la empresa, que ha empezado a dar los primeros resultados, debe ser constante, para que la apuesta por la normalización de la diversidad sea firme.

Pero, más allá de la Comisión, como televisión, estamos satisfechos del resultado, de la audiencia y de la buena respuesta que han tenido los programas específicos sobre la inmigración. En primer lugar porque han dado a conocer las trayectorias, opiniones y culturas de las personas inmigrantes al público catalán, desvinculando a sus protagonistas de informaciones negativas. En segundo, porque algunos programas, como «Tot un món» han servido de base para la elaboración de materiales pedagógicos para las escuelas e institutos de Cataluña y también, porque muchos de sus protagonistas forman parte de exposiciones como la que viene titulada «La inmigración ahora y aquí» o son invitados a programas, como expertos o simplemente en calidad de ciudadanos con opinión propia. También la idea del programa «Un lloc estrany» ha dado pie a espacios parecidos en otras cadenas públicas como «Un lugar extraño» emitido por Telemadrid.

Y finalmente, y no por eso menos importante, es el éxito conseguido en el segmento de población infantil de las familias de la inmigración más reciente. Es entre los más jóvenes de estas familias donde la cadena obtiene sus mejores resultados. La programación infantil del K3, con el Club Super 3, es seguida por una audiencia formada indistintamente por niños y niñas catalanes, de origen y de adopción. Este éxito, se debe, en buena parte por el conocimiento de la lengua catalana, que les ha proporcionado la escolarización en catalán, cosa que a diferencia de sus progenitores, les facilita la comprensión de los contenidos y, por lo tanto, el acceso a toda la programación. Además, el área de infantiles ha jugado un papel muy importante en la normalización de la diversidad y ha fomentado claramente la interculturalidad como el principal valor para una buena convivencia.

El *feedback* con este público tiene su máximo exponente en la participación, como socios, en el Club Súper 3, que el año pasado llego a tener un millón de carnets. Cada día, el Club publica la lista de los asociados que cumplen años. Basta con mirar la lista de hoy, para darnos cuenta de la altísima participación de los hijos de las familias de la inmigración más reciente.

Un buen ejemplo del *feedback* del que acabo de hablar lo tenemos en la Festa dels Súpers, la fiesta anual del Club Súper 3, que cada año bate records de participación y que refleja de una manera clara la diversidad de origines y culturas de sus socios. Por esta razón, las últimas ediciones de la Festa dedicaron una parte de su programación, de las actuaciones y de los espacios, a la interculturalidad, en la línea de fomentar entre los más pequeños, los valores de una sociedad más diversa que nunca.

Anexo
Conclusiones del taller organizado por la *Fundación Carolina* e *Inter Press Service* «La construcción de políticas públicas de comunicación para el desarrollo»

Para facilitar la reflexión sobre el papel que ocupa la comunicación en el desarrollo y sobre cómo conseguir una ciudadanía mejor informada, participativa y dispuesta a apoyar actuaciones en el ámbito de la cooperación al desarrollo, la Fundación Carolina e Inter Press Service (IPS) organizaron en Madrid, el 11 de febrero de 2009, con la colaboración y en la sede de la Agencia Española de Cooperación Internacional para el Desarrollo (AECID), un Taller que reunió a expertos y profesionales de la comunicación para el desarrollo de centros de estudios, universidades, ONGD, instituciones del sistema oficial de cooperación y medios de comunicación.

Con el fin de ordenar las sesiones del Taller se organizaron mesas de trabajo donde se debatieron tres tipos de cuestiones relacionadas con la formulación de políticas públicas de comunicación para el desarrollo: las barreras a las que se enfrentan estas políticas, los procesos e instrumentos participativos para impulsarlas y los contenidos prioritarios de una política de esta naturaleza. Seguidamente se da cuenta de las principales ideas y conclusiones de los debates.

Entre las *premisas* de las que se partió se pueden destacar:

—El escaso tratamiento que recibe por parte de los medios de comunicación la situación cotidiana de los miles de millones de personas que padecen pobreza y exclusión.

—Con mayor frecuencia de la deseable la información que se transmite a la ciudadanía sobre estas situaciones se limita a mostrar «lo que se ve, no lo que pasa», es decir, a informar sobre las consecuencias y no sobre las causas de la pobreza y los obstáculos que impiden la universalización de los derechos humanos.

—Consecuencia de todo ello es que los mensajes emitidos van construyendo una determinada representación del mundo, un imaginario colectivo, que, en la mayoría de los casos, consolida este estado de cosas. Por decirlo de alguna manera, los medios de comunicación son, en demasiadas ocasiones, más el teatro de las desigualdades y las exclusiones, que los canales que contribuyan a luchar contra las mismas.

En cuanto al *diagnóstico* para explicar esta situación se señalaron diferentes tipos de problemas:

—Los que tienen que ver con la propia *concepción* de la comunicación: con frecuencia se ha entendido la comunicación como una mercancía que debe responder a las demandas del mercado, y no como un derecho y un servicio público que puede contribuir al desarrollo individual y colectivo.

—Los que tienen que ver con el *sector* de los medios de comunicación; la industria de la comunicación está altamente concentrada y, en muchos casos, los medios de comunicación masiva responden a los intereses de grandes grupos empresariales. Al tener que dar respuesta a las exigencias del mercado publicitario, la información, para conseguir audiencias, es tratada como espectáculo o entretenimiento, lo que excluye aquellas informaciones que no cumplen estas características.

—Los que tienen que ver con las actuaciones de los *poderes públicos*; se ha vivido un larguísimo periodo de privatización y desregulación del sector de la información y las comunicaciones, lo que se ha traducido en carencias en la institucionalidad encargada de promover los intereses generales. Por otro lado, las administraciones públicas han prestado poca atención a las estrategias de comunicación debido al escaso interés y a la falta de experiencia en la rendición de cuentas.

—Los que tienen que ver con el acceso y participación de la *sociedad civil* del norte y del sur; como consecuencia de los aspectos anteriormente mencionados, se ha descuidado el derecho a la libre circulación de ideas, y su correlato, el derecho a informar y a ser informados, y a que la ciudadanía vea reconocido su derecho a la comunicación. Por otro lado, la sociedad civil organizada, en algunas ocasiones ha entendido la comunicación como marketing dedicado a la captación de apoyos, no como instrumento que puede promover la toma de conciencia sobre los problemas del desarrollo.

Como principales *recomendaciones* del Taller se pueden destacar:

—La información es un bien público que requiere ser protegido por los poderes públicos.

Todos los medios de comunicación cumplen un servicio público, más allá de que estén bajo gestión privada, estatal o comunitaria. Como en todo servicio público, hay que reivindicar el papel regulador y promotor del Estado, que ha estado demasiado tiempo ausente y que debería adquirir mayor protagonismo. Este rol no debería pasar por imponer determinadas políticas de comunicación, sino por garantizar la pluralidad y facilitar el acceso a la información y los procesos de comunicación.

—Es conveniente repensar las políticas públicas de comunicación: lo público no es sólo lo estatal y por lo tanto hay que articular el diferente el papel de los actores públicos, privados y comunitarios.

—Es necesario seguir avanzando en el estudio, las prácticas y las teorías que de éstas derivan, que posibiliten un mayor conocimiento mutuo entre los medios de comunicación y los actores del desarrollo y la cooperación.

—Sería conveniente una puesta en común de acciones que eviten la dispersión y canalicen los esfuerzos hacia objetivos compartidos, para lo que sería necesario buscar ideas comunes que permitan trabajar conjuntamente y sumar capacidades para que se entiendan mejor las causas de la pobreza y la exclusión. Las instituciones de cooperación podrían impulsar estos procesos de reflexión y coordinación entre los distintos actores involucrados.

—Habría que dedicar la atención necesaria a la comunicación en las políticas y las intervenciones de cooperación.

—En el ámbito educativo, se requiere una mayor formación sobre el papel de la comunicación en los procesos sociales en general, y sobre el de los medios de comunicación en particular.
—Avanzar en un mayor compromiso de la universidad con los procesos de desarrollo, en investigaciones sobre la importancia de la comunicación en dichos procesos y en la mejor formación de los profesionales en temas internacionales,
—La comunicación debe entenderse como un elemento imprescindible para lograr el ciclo que nos lleva desde la información hacia la construcción del conocimiento, la toma de decisiones y la acción.

Relación de autores

Rosa María Alfaro Moreno

Educadora y comunicadora peruana. Fundadora y actual presidenta de la Asociación de Comunicadores Sociales Calandria. Coordinadora de la Red Latinoamericana de Observatorios de Medios, que involucra a diez países, también fue fundadora del Colectivo Radial Feminista y la Veeduría Social de la Comunicación, de la cual es directora ejecutiva actualmente. Es consultora nacional e internacional, y ha escrito diversos libros y artículos sobre temas relacionados con la responsabilidad ciudadana en el fortalecimiento de las instituciones y la importancia de la comunicación, la democracia, la equidad de género y el desarrollo. Entre ellas, las más recientes son: *Otra Brújula. Innovaciones en comunicación y desarrollo*. ACS Calandria, 2006. Desde hace 24 años es docente en la Facultad de Comunicación de la Universidad de Lima; actualmente asume la coordinación en la especialidad «Comunicación y desarrollo».

Steffen Beitz

Coordinador de DevCom, la Red Informal de Comunicadores del Comité de Ayuda al Desarrollo (CAD), cuyo secretariado se encuentra en el Centro de Desarrollo de la OCDE en París. La DevCom Network reúne a los directores de asuntos públicos y comunicación de los ministerios y de las agencias para el desarrollo de las 22 naciones que pertenecen al CAD de la OCDE, a los de los nuevos países donantes y a los de instituciones multilaterales como Comisión Europea, PNUD, Banco Mundial y Banco Africano de Desarrollo. DevCom es el único foro internacional en el que los donantes discuten temas y coordinan sus estrategias para informar e influenciar a la opinión pública con el objetivo de sensibilizar y mejorar la conciencia y el apoyo de los ciudadanos hacia la cooperación para el desarrollo. Anteriormente, Beitz trabajó en el Ministerio Federal de Alemania para la Cooperación y el Desarrollo (BMZ), en la sección alemana de Amnistía Internacional y en VENRO, la Asociación Alemana para el Desarrollo, que reúne a más de 100 organizaciones. Steffen Beitz ha adquirido una profunda experiencia de *networking*, comunicación, política de desarrollo y participación de la sociedad civil. También ha trabajado como periodista *freelance* y tiene una maestría en Estudios africanos en la Universidad de Colonia, Alemania.

Teresa Burgui Jurío

Licenciada en Periodismo por la Universidad de Navarra. Magister Universitario en Cooperación Internacional por el Instituto Universitario de Desarrollo y Cooperación de la Universidad Complutense (1992). Ha desarrollado casi toda su trayectoria profesional en el ámbito de las ONG de Desarrollo. Entre 1993 y 2002 trabajó en la Coordinadora de ONGD del Estado Español, primero como responsable de comunicación y los tres últimos años como directora. Desde 2004 dirige la delegación en Álava de la Fundación Mundubat. Impulsora del Foro Comunicación, Educación y Ciudadanía, es profesora invitada de la asignatura «Globalización, cooperación y desarrollo», en la Universidad Pública de Navarra, y ha impartido numerosos talleres sobre comunicación para el desarrollo. Ha participado en varias investigaciones, la más reciente sobre *«El sector no lucrativo en España. Una visión reciente»*. J.I.Ruiz Olabuénaga (dir.). Fundación BBVA. Bilbao (2006), y es autora de numerosos artículos.

Norma Bernad Romeo

(Zaragoza, 1976). Politóloga, especialista en Administración Pública y experta en Comunicación Política por la UCM. Durante años ha formado parte del equipo pedagógico de la Fundación Jaime Vera, especializada en Comunicación Electoral e Institucional y en entrenamientos en comunicación a través de los medios para portavoces políticos socialistas. Ha trabajado como Asesora del ministro de Justicia y de la secretaria de Estado de Cooperación al Desarrollo del gobierno de España. Y ha sido la responsable del área de Comunicación Estratégica de la secretaria de Organización del PSOE, Leire Pajín. En la actualidad es directora ejecutiva del Instituto Jaime Vera.

Javier Erro Sala

Profesor de Sociología de la Comunicación de la Universidad Pública de Navarra (UPNA) y Coordinador de la Fundación Mundubat en Navarra. Profesor e investigador de comunicaciones para el desarrollo en la Universidad Centroamericana José Simeón Cañas (UCA), El Salvador (1993-1998). Profesor invitado del Máster en Ayuda Humanitaria de la Universidad de Deusto (1999-2006), y del Curs Interuniversitari de Cooperació per al Desenvolupament de Levante (2001-2005). Ha publicado una cincuentena de artículos sobre el tema y los textos *Descubrir y construir procesos de comunicación social. Aportes para diseñar políticas, estrategias y estructuras de comunicación en las ONGD*, Hegoa, 2003; *La situación de comunicación de las ONGD en la Comunidad Autónoma Vasca*, Hegoa, 2003; *Comunicación, Desarrollo y ONGD*, Hegoa, 2002. (jerro@ctv.es).

Hildegart González

Es Doctora en Comunicación, Licenciada en Periodismo y Diplomada en Estudios Filosóficos por la Universidad de Navarra (UNAV). Desde 2005 es profesora asociada en la Facultad de Comunicación de la UNAV, en asignaturas relacionadas con la Comunicación para el Desarrollo y la Comunicación Institucional. También es profesora del Máster de Comunicación Política y Corporativa (MCPC). Desde 2007 es docente de másters que se imparten en el Esic Business and Marketing School. Actualmente es la gerente de la Asociación navarra de Empresas de Comunicación y Publicidad. Ha sido directora del departamento de consultoría en la agencia de comunicación You Media. Fue directora del Departamento de Comunicación y Marketing de ANNF y ha trabajado como consultora externa de comunicación y estrategia para diversas ONG. Fue redactora jefa y responsable del equipo en Navarra de la revista *Compromiso Empresarial*, especializada en RSC. También trabajó como periodista en diarios latinoamericanos de Ecuador y Panamá. Entre sus publicaciones merece la pena destacar: *Estrategias de comunicación en las ONG de desarrollo*, CIDEAL, 2006 y "La comunicación: Herramienta estratégica en la misión de las ONGD", en: *Revista Fisec-Estrategias*. hgonzal@unav.es

Grupo de Comunicación de la Coordinadora de ONG de Desarrollo de España (GCCODE)

Está formada por 94 ONGD y 14 Coordinadoras Autonómicas que, en conjunto, suman más de 400 organizaciones dedicadas a la cooperación internacional. Todas las organizaciones comparten un proyecto común, la lucha contra la pobreza, y asumen como forma de autorregulación el Código de Conducta para garantizar los principios de transparencia y democracia interna de las ONGD. La Coordinadora es la única plataforma estatal de acción humanitaria y desarrollo en España. Es punto de encuentro para las ONGD, lugar de debate y reflexión donde compartir experiencias y plantear propuestas.

Mario Lubetkin

Director general de Inter Press-Service (IPS) desde 2002. Interesado en la cobertura de derechos humanos, ambiente y desarrollo de la agencia, comenzó a trabajar en la sede principal de Roma en el año 1979. En 1984 se trasladó a su Uruguay natal, donde se desempeñó como corresponsal hasta 1995, cuando fue designado Director Regional para América Latina. En septiembre de 2002, el Directorio de IPS lo nombró en forma unánime Director General. Asimismo, fue corresponsal de medios escritos de Italia y América Latina y asesor de comunicación de agencias de la ONU y organismos latinoamericanos de integración regional. Ha coordinado proyectos de comunicación con los gobiernos de Brasil, Finlandia, Italia y Uruguay, entre otros. Desde el año 2000 coordina la principal plataforma de comunicación sobre ambiente y desarrollo sostenible de América Latina, denominada «Tierramérica», un proyecto de comunicación del Programa de las Naciones Unidas para el Medio Ambiente (PNUMA) y el Programa de las Naciones Unidas para el Desarrollo (PNUD) (www.tierramerica.net). En los últimos años, ha implementado y participado en diversas iniciativas de comunicación de las principales cumbres mundiales de las Naciones Unidas, en persona y con su equipo de trabajo, inclusive mediante la publicación de los diarios de conferencias TerraViva. En este período, el trabajo de la agencia se concentra en los Objetivos de Desarrollo del Milenio. Mario Lubetkin es vicepresidente de Media Watch Global. Junto con representantes de otras organizaciones internacionales, ha fundado la Alianza de comunicadores para el desarrollo sostenible Com+.

Raquel Martínez-Gómez López

(Albacete, 1973). Escritora y doctora en Ciencias de la Información por la Universidad Complutense de Madrid en el área de Relaciones Internacionales. Coordinadora de los Encuentros sobre Comunicación y Desarrollo de IPS, ha sido durante dos años y medio responsable de Comunicación de la Fundación Carolina. Trabajó como docente en el Instituto Tecnológico de Estudios Superiores de Monterrey (ITESM) en México, impartiendo clases de Sociedad y Desarrollo en el Mundo, y ha continuado con labores de docencia en varias instituciones. En los ámbitos de sensibilización e incidencia política fue coordinadora de la Campaña *«Pobreza Cero»* de la Coordinadora ONGD-España en 2005, y unos años antes (2001-2003) responsable del Área de Comunicación de la Fundación IPADE, participando en la puesta en marcha de la campaña de educación y sensibilización sobre Objetivos del Milenio, así como de la *Plataforma 2015 y más*. Es autora de varios artículos sobre temas internacionales, co-editora del libro *Comunicación y Desarrollo: en busca de la coherencia* y co-autora de la publicación *AOD: discurso y realidad*. Ha participado en varias investigaciones, la más reciente con la Universidad Autónoma de Barcelona sobre la prensa y la cooperación para el desarrollo. Ha sido galardonada en el ámbito de la ficción con varios premios literarios, entre los que destacan el Premio Ateneo Joven de Sevilla en 2007, por su novela *Sombras de Unicornio* y el Premio Ciudad de Móstoles por la novela corta *Del color de la lava*. marraquel@gmail.com

Mª Luz Ortega Carpio

Doctora por la Universidad de Córdoba en Ciencias Económicas y Empresariales. Premio Extraordinario de Doctorado, profesora Titular de Área de Economía Aplicada en ETEA, Institución Universitaria de la Compañía de Jesús, actualmente en excedencia. Directora del Máster en Cooperación al Desarrollo y Gestión de ONGD, organizado por ETEA-INTERMON-Entreculturas. Experta en el Consejo Municipal de Cooperación al Desarrollo del Ayuntamiento de Córdoba (1995-2000), Consejo de Cooperación al Desarrollo Estatal, (2000-2001). Miembro del Comité de Seguimiento del Código de Conducta de la CONGDE (2001-2007). Sus trabajos de investigación han versado sobre la cooperación al desarrollo en el sector Educación, los actores de la Cooperación (cooperación descentralizada y ONGD) y la Educación para el Desarrollo. Ha elaborado el documento «Estrategia de la Cooperación Española en Educación para el Desarrollo» para la Secretaría Estado de Cooperación Internacional del Ministerio de Asuntos Exteriores y Cooperación. Actualmente es asesora de la AECID en Educación para el Desarrollo.

María Pía Matta Cerna

Es periodista. Ha trabajado en diversos medios de comunicación en Brasil y Chile, actualmente se desempeña como directora adjunta en Radio Tierra en Santiago de Chile, emisora comunitaria con 18 años de experiencia en el ámbito de la comunicación ciudadana. Tiene experiencia en Gestión de medios de Comunicación; Comunicación Ciudadana, libertad de expresión y Derecho a la comunicación. Preside AMARC ALC, Asociación Mundial de Radios Comunitarias de America Latina y Caribe desde el año 2003. La Asociación Mundial de Radios Comunitarias (AMARC ALC, www.amarc.org es el referente asocitivo y comunicacional del movimiento de radios comunitarias y ciudadanas en America Latina y el Caribe y en otras regiones. La misión de AMARC es promover la democratización de las comunicaciones para favorecer la libertad de expresión ciudadana y la emergencia de un tercer sector de las comunicaciones.

Marcial Murciano Martínez

Catedrático de «Estructura y Políticas de Comunicación» en la Universidad Autónoma de Barcelona. Es director del programa de posgrado en «Geopolítica del cambio comunicativo», de la Red LOCALCOM, dedicada al estudio de los avances de la sociedad de la información, y de la Red RIEC, un proyecto cooperativo e interdisciplinar Iberoamericano para el estudio de los problemas de la comunicación. Es director del Observatorio Iberoamericano de la Comunicación (OIC, Barcelona) y Presidente de Honor de la Conferencia de Decanos de Títulos en Ciencias de la Comunicación de España. Miembro de distintos comités científicos relevantes, nacionales e internacionales, dedicados a las actividades de evaluación de la investigación y la docencia, y participa también en una docena de comités de revistas científicas nacionales e internacionales en comunicación; es director de la revista *Conexiones. Revista Iberoamericana de Comunicación* y autor de más de medio centenar de artículos científicos y libros.

Ignacio Ramonet Míguez

(Pontevedra, 1943). Doctor en Semiología e Historia de la Cultura por la Escuela de Estudios Superiores en Ciencias Sociales de París y catedrático de Teoría de la Comunicación en la Universidad Denis-Diderot (Paris-VII). Especialista en geopolítica y estrategia internacional y consultor de la ONU, actualmente imparte clases en la Sorbona de París. Desde 1990 hasta 2008 fue director de la publicación mensual *Le Monde diplomatique* y la bimensual *Manière de voir*. Es Fundador de la organización no gubernamental Media Watch Global (Observatorio Internacional de los Medios de Comunicación) de la que es presidente. Es presidente, además, de la Asociación *Mémoire de Luttes* y miembro de la Cooperativa Eurosur. Es fundador y presidente de honor de ATTAC. Fue también uno de los promotores del Foro Social Mundial de Porto Alegre. En la actualidad es el director de *Le Monde diplomatique* en español. Ostenta los títulos de Doctor Honoris Causa por la Universidad de Santiago de Compostela, en España, y por la Universidad Nacional de Córdoba, en Argentina. Ha publicado más de 16 libros, entre los que destacan *Cómo nos venden la moto*, (con Noam Chomsky; 1995); *Il pensiero unico* (con Fabio Giovannini y Giovanna Ricoveri; 1996); *La tiranía de la comunicación* (1999); *Geopolitica i comunicació de final de millenni* (2000); o *Marcos, la dignidad rebelde* (2001).

Germán Rojas

Funcionario de la FAO desde 1977. En la actualidad se desempeña como Jefe de la Oficina de Información de FAO para España y Andorra, cargo que ocupa desde diciembre de 2006. De nacionalidad chilena, se graduó en Ciencias Políticas en la Universidad de Oslo, Noruega, y obtuvo su Magister en Ciencias Políticas en la Pontificia Universidad Católica de Chile. Antes de ingresar en la FAO fue funcionario del Servicio Exterior en el Ministerio de Relaciones Exteriores de Chile durante el Gobierno de Salvador Allende. En la FAO se desempeñó como responsable de la Secretaría encargada de la organización del Día Mundial de la Alimentación, evento celebrado anualmente en más de 150 países de todo el mundo. Entre 1990 y 2004 fue Oficial Regional para América Latina y el Caribe con sede en Santiago de Chile, a cargo de todas las funciones de información y comunicación de la FAO en los 33 países que integran dicha región. Entre el año 2004 y el 2006 se desempeñó en Roma como Jefe de Prensa y de Radio y Televisión de la FAO a nivel mundial.

Carles Solà y Serra

(Berga, 1964). Periodista. De 1989 a 2000 trabajó como reportero (ENG) de los Servicios Informativos de Televisión de Catalunya. Es autor y coautor de numerosos reportajes para los programas «Actual» y «30 Minuts». De 2000 a 2004 fue jefe de la sección de sociedad de informativos de Televisión de Catalunya desde dónde impulsa la creación de la primera célula de periodistas especializados en inmigración. Desde junio de 2004 es el director y redactor del programa «Tot un món», el espacio dedicado a la inmigración y la diversidad cultural en Cataluña. Desde 2008 es vicepresidente de la Mesa por la Diversidad en Audiovisual y también coordinador de la Comissió de la Diversitat de TV3, creada el septiembre de 2006 para impulsar la diversidad cultural y social en esta empresa y en su programación. Es impulsor y portavoz del grupo de trabajo del Espai África-Catalunya y ha colaborado y colabora con varias entidades por avanzar en la mejora del tratamiento de la diversidad y la inmigración en los medios de comunicación.

***

Curso *Comunicación y Desarrollo*, julio 2007, Universidad Internacional Menéndez Pelayo (UIMP), Santander; organizado por la Fundación Carolina y la Agencia Inter Press Service (IPS).

Ponencias y conclusiones: Martínez-Gómez, Raquel y Mario Lubetkin, «Comunicación y desarrollo: en busca de la coherencia», Siglo XXI, Fundación Carolina, IPS, UIMP, 2008.

Taller: «La construcción de políticas públicas de comunicación para el desarrollo«, febrero 2009, Madrid, AECIDF, Fundación Carolina e IPS. Ponencias y conclusiones: http//www.fundacioncarolina.es/es-ES/cealci/actuaciones/Paginas/Tallercomunicacionparaeldesarrollo.aspx

Encuentro Comunicación y desarrollo: pasos hacia la coherencia, julio 2009, Universidad Internacional Menéndez Pelayo (UIMP), Santander, organizado por AECID e IPS, colaboración de la Fundación Carolina.

Las ponencias están recogidas en este libro.

TÍTULOS PUBLICADOS

colección Periodística

29-Los retos de las televisiones públicas. Financiación, servicio público y libre mercado.
Rosario de Mateo Pérez y Laura Bergés Saura.
30-Gestión de empresas de comunicación. *Rosario de Mateo; Laura Bergés y Marta Sabater.*
31-Telerrealidad. El mundo tras el cristal. *Bienvenido León (coordinador).*
32-La especialización en el periodismo. Formarse para informar.
Idoia Camacho Markina (coordinadora).
33-El cambio mediático. *Francisco Campos (coordinador).*

colección CONTEXTOS

1-El terror en el cómic. *Jorge D. Fernández; Jesús Jiménez Varea; Antonio Pineda (eds.)*
2-Las Comisiones Fílmicas. Un nuevo dispositivo para la promoción audiovisual.
Marcelo A. Martínez Hermida (director)
3-La Comuniación Publicitaria. Antecedentes y tendencias en la Sociedad de la Información y el Conocimiento. *Raúl Eguizábal Maza (coordinador)*
4-E-comunicación. Dimensiones sociales y profesionales de la comunicación en los nuevos entornos tecnológicos. *Juan Miguel Aguado Terrón (coordinador)*
5-Contenidos.eu. Las nuevas tecnologías de la información ante la diversidad cultural y lingüística de Europa. *Mª Paz Hinojosa Mellado y Pedro Antonio Rojo Villada*
6-Comunicación y deporte. Nuevas perspectivas de análisis. *Joaquín Marín Montín (coord.)*
7-Internet y libertad. Ampliación tecnológica de la esencia humana. *Mª Asunción Gutiérrez*
8-El cine. ¿muerte o transfiguración? La disolución del lenguaje cinematográfico en el universo audiovisual. *Antonio G. Ruiz Jiménez*
9-El investigador en su laberinto. La tesis, un desafío posible. *Francisco Perujo Serrano*
10-Rompiendo moldes. Discurso, géneros e hibridación en el siglo XXI.
Piedad Fernández Toledo (coordinadora)
11-La televisión digital terrestre en Murcia. *Pedro Hellín; Pedro A. Rojo; César San Nicolás*
12-El cine y otras miradas. Contribuciones a la educación y a la cultura audiovisual.
Víctor Manuel Amar Rodríguez

colección PUBLICIDAD

1-Aproximación a la estructura de la publicidad. Desarrollo y funciones de la actividad publicitaria. *Jorge David Fernández Gómez (coordinador)*
2-Publicidad y cambio social. Contribuciones históricas y perspectivas de futuro.
Jesús Bermejo Berros (coordinador)
3-Publicidad y cultura. La publicidad como homologador cultural.
Mª Cruz Alvarado y Mª Isabel Martín (coords.)
4-Publicidad y ciudad. La comunicación publicitaria y lo urbano: perspectivas y aportaciones. *Antonio J. Baladrón; Esther Martínez; Marta Pacheco (coords.)*
5-Nuevas tendencias en la publicidad del siglo XXI.
María Isabel Martín Requero y Mª Cruz Alvarado López (coordinadoras)
6-Moda, comunicación y sociedad. *Grupo de Análisis de la Comunicación*
7-Publicidad y sociedad. Un viaje de ida y vuelta. *Juan Rey (coordinador)*
8-Publicidad y consumo. *Luis Martín Rodrigo(coordinador)*
9-La publicidad en el contexto digital. Viejos retos y nuevas oportunidades.
Marta Pacheco Rueda (coord.)
10-Por el cambio. Treinta años de propaganda política en España. *José Alfonso Arregui*
11-Publicidad y lengua española: un estudio por sectores.
María Victoria Romero Gualda y Sara Robles Ávila (coordinadoras).

colección Historia y Presente

1-Historia de la idea laica en Francia en el siglo XIX. *Georges Weill.*
2-El periódico. Orígenes, evolución y función de la prensa periódica. *Georges Weill.*
3-Los «paseados» con Lorca. El maestro cojo y los dos banderilleros *Francisco Vigueras Roldán.*
4-Monografía de la prensa parisina [Los periodistas]. *Honoré de Balzac.*

colección Periodismo Especializado

1-Periodismo de Viajes. Análisis de una especialización periodística.
Mariano Belenguer Jané

colección Comunicación Crítica

1-Comunicación, globalización y democracia. Crítica de la economía política de la comunicación y la cultura. *Fernando Quirós; Francisco Sierra* (dirs.)
2-Comunicación, educación y desarrollo. Apuntes parauna Historia de la Comunicación Educativa. *Francisco Sierra Caballero*
3-Cultura Popular y Medios de Comunicación. Una aproximación desde Andalcía.
Manuel Bernal Rodríguez (coord.)
4-Tecnología y contextos mediáticos. Condicionamientos socioeconómicos y políticos de la comunicación de masas en la Sociedad de la Información.
Pedro Antonio Rojo Villada
5-Comunicación y cognición. Bases epistemológicas de la complejidad. *Juan Miguel Aguado*
6-Propaganda y comunicación. Una aproximación plural.
Adrián Huici Módenes y Antonio Pineda Cachero (coords.)
7-Crítica feminista y comunicación. *Mª José Sánchez Leyva; Alicia Reigada Olaizola (coords.).*

colección Papel Prensa

1-Cuentos que fueron noticia. *Antonio López Hidalgo.*
2-Crónicas de la polución. Un recorrido nostálgico por Sevilla. *Francisco Gil Chaparro.*
3-De la vida y otras anécdotas. *Antonio López Hidalgo.*
4-Tiranía de la memoria. *Miguel R. Aguilar Urbano.*
5-Los años broncos. *José Nevado Infante.*
6-Cosas que cuentan. *Isaac López Redondo.*
7-El ruido y las nueces. *Antonio López Hidalgo.*

colección Educación

1-Conflictividad en las aulas. Guía práctica de intervención. *Francisco Ceballos López.*
2-Sociología de la familia. *Carmen Jaulín Plana*
3-El hecho religioso y la enseñanza laica. La experienca francesa. *Mireille Estivalèzes*
4-Organización y gestión de talleres de animación a la lectura en la biblioteca pública.
Esperanza Pozo Fernández
5-El taller de animación a la lectura en el aula y la biblioteca escolar. *Esperanza Pozo*
6-El trabajo colaborativo del profesorado. *José Manuel Lavié Martínez*

colección CIENCIAS SOCIALES

1-Género y antropología social. *Yolanda Aixelà Cabré.*
2-Un lugar en su sitio. Narrativas y organización cultural urbana en el espacio latinoamericano. *Hugo Gaggiotti.*

colección TIEMPOS

1-Comunicación y desarrollo: pasos hacia la coherencia. *Raquel Martínez-Gómez y Mario Lubetkin (coordinadores).*

DE PRÓXIMA APARICIÓN:

La telaraña mediática ¿cómo conocerla? ¿cómo comprenderla?
Evolución tecnológica y cibermedios.
Otros fines de la publicidad.
Bosquejo histórico-documental de la Gaceta de Madrid.
Historia de la publicidad y las Relaciones Públicas en España (2 tomos)
Tratado de Periodismo, de Augusto Jerez Perchet.
El alma y la ley. Tolstói entre juristas.
La Cooperación Internacional en 9 diarios europeos.
Prácticas de radio.

Contacto:
c/ Escuelas, 16. 49130 Manganeses de la Lampreana (Zamora)
tlf & fax: (00-34) 980 588 175

info@comunicacionsocial.es
www.comunicacionsocial.es